蠢《しゅん》動《どう》する子ども・若者

3.11
被災地からのメッセージ

増山 均・森本 扶・齋藤史夫（編著）

本の泉社

南三陸町・志津川と震災

写真提供：佐藤信一（宮城県本吉郡南三陸町写真店店主）

志津川小学校グラウンドから撮った南三陸町の町並み（上）、左の写真に映っているのはJR気仙沼線を走る列車

津波が町を襲う様子（上）、津波が引いた直後（下）

志津川小学校の卒業式後、卒業生たちが被災後の町の風景を目に焼き付ける（2011年4月）

避難所で足湯につかる子どもたち（2011 年３月）

震災直後の避難所（志津川小学校体育館）

避難所で雑巾がけのお手伝いをする子どもたち（2011 年４月）

避難所となった志津川小学校の校庭で遊ぶ子どもたち（2011 年４月）

通学するため、がれきの中をバス停に向かう小学生（2011 年 5 月）

高校の入学式の帰り（高校の制服が間に合わなかったため中学のときの制服で）（右）、志津川小学校の校庭に支援物資で送られた鯉のぼりが泳ぐ（上）、合掌（左）

世界の善意で打ち上げられた花火（2012 年 8 月）

復興支援のコンサートの一コマ（2012 年 2 月）

老いも若きも歌に踊りに元気をもらう（2012 年 2 月）

毎年行われる稚児の儀式（2012年9月）

仮設住宅での早朝のラジオ体操。ほぼ毎朝行われている（2012年11月）

地震・津波の避難訓練。より高いところへ避難（2012年5月）

2015 年度、南三陸に三陸道がやってくる（2013 年 1 月）

地域の伝統行事。男の子だけで仮設住宅を廻る（2013 年 1 月）

中学校が閉校した。子どもたちの減少がとまらない（2013 年 3 月）

南三陸の海水浴場がようやくオープン
（2013年7月）

2011年4月から毎月行われている
「復興市」（2013年11月）

役場の左右の山々は造成のため開発されている（2014年5月）

2015年の朝日。心新たに！

イベントでは子どもたちが盛り上げてくれる（2014 年 8 月）

成人式にて黙祷する新成人。震災当時、彼らは高校 1 年生だった（2015 年 1 月）

と遊び場づくり

写真提供：根本暁生
（海岸公園冒険広場プレーリーダー）

様子（仙台市内方面）

周りの松林が津波によって…

陸の孤島と化す冒険広場

震災当日

工作したり、穴掘りしたり（10月）

松林に囲まれていました（10月）

ふわふわどーむ（10月）

幼児遊具広場（7月）

震災前の冒険広場（2010年）

仙台：海岸公園冒険広場

未だ震災時のまま…（14年10月）

松林はなくなり荒れ放題（14年10月）

ふわふわどーむはしぼんだまま（14年10月）

幼児遊具広場はなくなり、
地盤沈下に伴う新設排水路の建設中（13年12月）

震災後の冒険広場（2013～2014年）

冒険広場の高台から見た津波の

3月26日の冒険広場（上・下）

震災後しばらくして

震災後、３日間だけ臨時開園を行いました（11 月、３月）

東京からメッセージつきの遊具を持ってかけつけてくれた仲間も

背景の森は「震災がれき」の山に変わってしまいましたが…

2011 ～ 2012 年

岩沼市：浸水区域の農家と展開する遊び場（14年10月）

岩沼市：仮設住宅隣接の公園での遊び場（14年11月）

仙台市：仮設住宅での遊び場　大人も集まる（13年6月）

仙台市：仮設住宅での遊び場　雪でも遊ぶ！（13年1月）

復興公営住宅での遊び場（14年11月）

仙台市：間借りしている小学校校庭での遊び場（14年7月）

2013～2014年

冒険広場北側の松林（2011 年 3 月 11 日）
津波でほとんど流された

冒険広場北側の松林（2012 年 6 月）
震災廃棄物の搬入場に

震災廃棄物搬入場は、再びさら地に
（2014 年 3 月）

冒険広場は、2018 年再開予定

はじめに

東日本大震災からまる四年の月日が流れました。震災発生から、さまざまな困難に直面しつつ進められている被災地のとりくみは、日本の子どもと子どもの育ちを見つめ・考える上で、きわめて重要な教訓を生み出し続けています。

大震災によって平常の生活を維持するためのライフラインが絶たれ、子どもたちは家庭生活と学校生活を同時に失いました。この予想もしない衝撃的事態、揺るぎなく確立されていた生活・教育システムが機能しなくなった事態の発生により、私たちが平常の安定した生活の中で見失っていた「子ども観」と「教育観・文化観」が根本から問い直されました。子どもは本来どのような力をもっているのか、どのような存在なのか、子どもにとっての教育・文化とはなにか、教育や文化はどのような役割と機能を持っているのか、私たちは、そうした本質的・根源的問いに向き合うことになりました。

教育が「生きる力」の育成を目的とし、文化が「生きがい」を鼓舞するものならば、この震災は、子どもたちに、そして日本社会そのものに「教育」とは何か、「文化」とは何かを問いかけています。日本社会にとっての実践的教訓が、まさに被災地の苦闘と復興への歩みの中にあり、その教訓は、自然と対峙して人間が築き上げてきた文明社会そのものの、根本からの問い直しの課題へとつながっています。

一九六四年の創刊以来、日本社会の変化と子どもの生活・発達のリアルな姿と潜在的可能性に注目し続けてきた『子ども白書』（日本子どもを守る会編集）は、大震災発生とその後の復興のとりくみと各地の子どもたちの姿に注目してきました。筆者らは〈東日本大震災から未来へ――子どもが指し示す希望とともに〉を特集テーマに掲げた二〇一一年版『子ども白書』の編集にあたり、大震災発生直後の被災地を訪ねて子どもの遊びと文化に関わるとりくみを取材しました。二〇一二年版子ども白書からは、創刊五〇冊目となる二〇一四年版子ども白書まで、継続して特集テーマ〈東日本大震災後を生きる子どもたち〉を掲げて、被災地で活動する子どもたち・支援者の方々と連絡を取り、その実践から学び続けてきました。

家族を失い、家を失い、仕事を失い、生きる希望を失いかけていた大人を励ましたのは子どもたちの姿でした。深刻な青少年問題や子どもの発達の危機が叫ばれ、否定的な子ども像が報道されることが多い中で、震災の中では、かつてなく子どもの主体的な力への注目が集まり、肯定的な子ども像が示されました。それらは、「保護の対象としての子ども」、「教育の対象としての子ども」という受動的子ども観から、市民・住民として子どもの主体性を認め、社会の担い手として子ども参加の意義を確認する能動的子ども観への転換を迫る課題を投げかけています。

本書は、この四年間の『子ども白書』を踏まえ、教育・文化にとっての教訓は何か、今後の「日本の子ども・子育て」に向けて、今確認しておくべき子ども観は何かを明らかにすることを目的として編集しました。春を待ちわびた生きものたちが、冷たく堅く重い大地の中でも来る日の飛翔にむけて逞しく動き出す姿になぞらえて、本書のタイトルを『蠢動する子ども・若者――3・11被災地からのメッセージ』としましたが、編集の基本視点には、日本の児童憲章と国連子どもの権利条約の精神に立脚して発行し続けてきた『子ども白書』創刊以来の〈子どもの権利保障〉への願いと想いが貫かれています。

ぜひ、収録された記録を読み、じっくりと被災地の子どもからの発信に耳を傾け、目指すべき「子ども観」を再検討・再検証ください。

もくじ

II　子どもをエンパワメントする「遊びと文化」

III　「自己表現」する子どもたち

Ⅳ 「学び」をとり戻し広げ深める子どもたち

Ⅴ 「まち」を元気にする子どもたち

VI　解題

I　ドキュメント・震災

1 わが町・志津川を映し続けて

佐藤信一さん に聞く（二〇一一年六月一〇日）

宮城県本吉郡南三陸町　写真店店主

宮城県本吉郡南三陸町志津川。宮城県の北東部に位置し、東にリアス式海岸の志津川湾、西に北上山地、という海と山に囲まれた風光明媚なまちです。国道四五号線とＪＲ気仙沼線が内陸部から海沿いに出てくるところに位置するため、観光地としても有名です。二〇一一年三月一一日、一五メートル超の津波が町の大部分を襲い、壊滅的な被害をもたらしました。この地で先代より写真店を営み、現在（インタビュー当時）は地元の志津川小学校のＰＴＡ会長でもある佐藤信一さん。地域の大人たち、子どもたちの姿をずっと見つめ続けてこられました。店舗兼ご自宅は津波に流され、現在も避難所で暮らしておられますが、そのかたわら、震災から復興へ一歩ずつ歩む南三陸の姿を、精力的に記録し続けておられます。南三陸町の生活や文化が、震災によっていかに壊され、いかに耐え、そしていかに復興しはじめているのか、のリアルな姿がそこにはあります。地元のカメラマンにしか撮れない、思いのこもった写真は、今後この町を担う子どもたちへの励ましのメッセージを含んでいるように感じます。報道にあふれる震災写真や映像とは異なる貴重な記録。以下、佐藤さんへのインタビューも交えて、紹介していきます。

佐藤　町の産業は水産業が中心です。特にタコが有名で、〝西の明石、東の志津川〟といわれるほどです。あとは、観光業、そして農業、林業もあります。(『子ども白書』には)震災前の南三陸町の穏やかな風景を載せてもらいたいです。津波の光景だけが南三陸町のイメージとなるのは忍びないのです。

震災の前と後

これは震災前、志津川小学校グラウンドから撮った南三陸町の町並みです(以下、グラビアⅡページを参照)。ＪＲ気仙沼線を走る電車を含めて撮ったものもあります。湾の右奥の海岸に、現在の私の避難所となっている南三陸ホテル観洋があります。津波は町に向かって押し寄せたので、(角度の異なる)ホテル観洋の津波被害は二階まで浸水した程度で比較的小さいものでした。

地震直後、私はまず家族を逃がした後、カメラバックを一つだけ持って逃げました。中身を確認する余裕もあ

佐藤信一さん

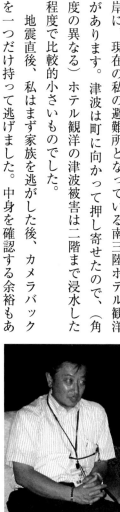

りませんでした。避難後、バックを開けたらカメラが二台入っていました。津波の写真はこのカメラで撮りました。

これは町を津波が襲う様子です。JR気仙沼線が映る写真と同じ方角から撮ったもので、湾奥に見える建物はホテル観洋です。こちらは津波が引いた直後です。逃れた住民が立ちつくしています。また、到るところにあった、チリ地震の際の津波水位の看板は今回の津波で横倒しになりました。

※一九六〇年五月に起こったチリ地震津波によって、志津川町（現南三陸町）では四一名の方が犠牲になった。この悲劇をチリ共和国との友好を深めるきっかけにしようと、共和国からチリ・イースター島のモアイ像のレプリカが贈られた。以降、町には多くのモアイ像が飾られるようになった。

チリ地震のさいの津波水位の看板も横倒しに

チリから送られたモアイ像のレプリカ

何はなくとも写真があれば

佐藤　私自身が写っている写真はすべて失くしました。かろうじて息子の写真が一枚出てきただけです。しかし、私が撮った写真は、町の人たちによってたくさん残されました。先日も町内の廃校になった校舎で、残った写真の展示会をしました。つぶさに見ていると、私が撮った写真がいたるところにありました。自分の写真はだいたい分かります。すべての工程（構図、撮影、修正、納品など）が自分による作業だからです。撮影にまつわる記憶もだいたい残っています。だから、自分の撮った写真が残っていることは、非常にうれしいです。

皆がこう言います。「他のものは出てこなくていいから、家族の写真が出てきてほしい。」お金や通帳よりも、家族写真が一枚あるだけでとても安心するのです。改めて、家族写真の大切さを痛感しています。

そういう意味でいうと、今改めて銀塩写真（印画紙に焼き付けたもの）の良さが見直されています。デジタル写真はインクジェットなので、水に濡れると消えてしまいます。でも銀塩写真は古くても残るのです。

写真にみる子どもたちの姿

震災後の志津川中学校の体育館。３月 12 日に卒業式を予定していて、準備が進んでいた

復興市で中学生たちが売り子に

佐藤さんがボランティアで小学生の入学写真を撮っているところ

通学するため、がれきの中をバス停に向かう小中学生

震災後、久しぶりに友達と再会

小学校での先生と子どもたちの様子

復興に向けて

佐藤　志津川小学校の体育館は避難所としては閉鎖されました。損壊を免れた唯一の体育館なので、小中学生が運動できるように空けています。現在はホテル観洋などに避難所が移っています。私たちは、志津川小学校の時は集団生活でしたが、ホテル観洋に移ってからは個室が与えられています。したがって、まだ水道が通っていないため水回りは不便ですが、それ以外は比較的生活しやすいです。指定避難所における費用は基本的にかからないので、そこは安心です。避難所は、全ての避難民に仮設住宅が行き渡るまで開設するということです。

子どもたちは結構明るいです。天皇陛下をはじめ、EXILEやいっこく堂などの有名人が慰問に訪れてくれているということもありますが。この避難所の高校生たちは、毎日おしゃべりしています。だから、ここの避難所は恵まれていると思います。

ただ、中高校生は現在、隣町の学校の一角を間借りしたところに通っています。同じ学校でも科によって通う学校が異なるということもあるようです。帰りは一七時にバスが出てしまうので、部活動が四〇分くらいしかできないそうです。おそらく、つらい思いをしているでしょう。

町の復興計画によると、津波が到達したエリアには住宅は建てさせない、という方針らしいです。したがって、私が元の場所に再び住むことはないでしょう。ただ、高台に住宅を建てるにしても、リアス式の勾配のきつい地形には平地としての高台がありません。近隣自治体や民有地につくっても足りないという状態です。国や自治体がどのように支援してくれるかが問われます。

地元の人々は、集落のつながりが深いので、できればコミュニティ単位で動きたいという人が多いです。すでに隣の登米市に集団で移った例もあります。私は仮設住宅を申し込んでいます。ただ、商店街としてまとまって一つの集合体をつくり、そこで皆で仮店舗を建てて営業をやろうという話もあります。それがもし早々に実現できるようであれば、店はそこ、住居は仮設住宅、という形になるでしょう。

時間がたてば人は離れていき、過疎化は進みます。志津川小学校は、本来であれば今年度は四五二人でスタートする予定でした。しかし、五月一〇日、結果的に約二〇〇人で始業式を行いました。一時的という子どももいますが、多

インタビューをおこなったロビーでは、談笑したり勉強したりする高校生たちの姿が

くの子どもたちは転出してしまいました。我々事業主は、この町で再建したいという気持ちをもっている人が多いです。だから、我々はこの町にはいいお店がいっぱいあるんだ、満足できる買い物ができるんだ、ということを常にアピールし続けないといけません。その第一歩が復興市です。これは毎月やっていこうと考えています。

2

巨大津波にとり囲まれて

根本暁生 さん に聞く（二〇一一年六月一一日）

NPO法人冒険遊び場-せんだい・みやぎネットワーク
海岸公園冒険広場プレーリーダー

宮城県仙台市若林区荒浜。七メートル超の津波がおしよせ甚大な被害が生じたこの地域の最も海岸寄りに、海岸公園冒険広場があります（下図）。二〇一一年三月一一日、この冒険広場で未曾有の震災を経験した根本暁生さんに〝まさにその時〟のこと、避難所生活のこと、支援活動のこと、今後のことなどをうかがいました。

インタビューをおこなったのは、震災からちょうど三ヵ月たった六月一一日、海岸公園冒険広場その地でお話をうかがいました。見渡す限りがれきが散乱する海岸地帯のなかにぽっか

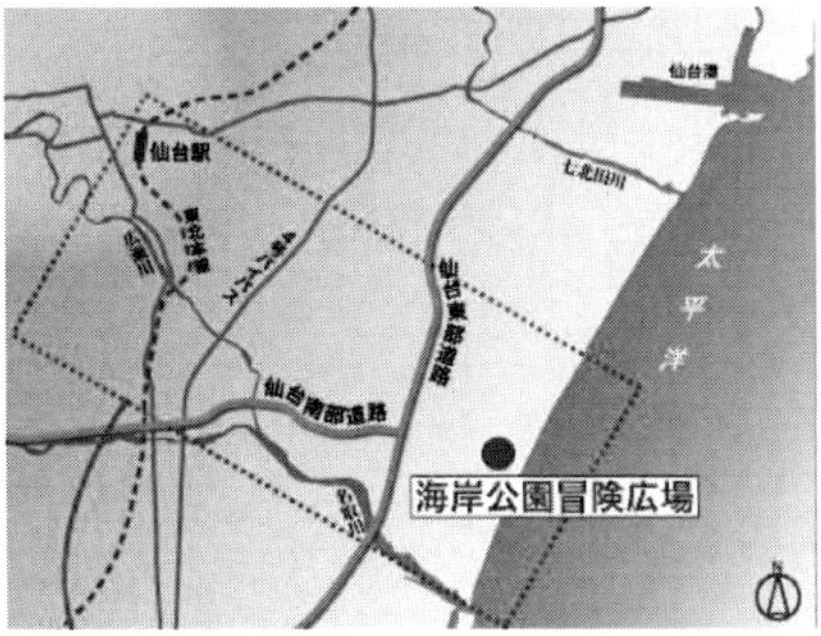

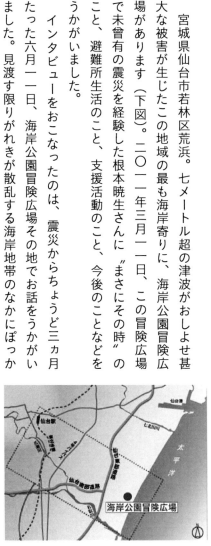

りと浮かぶ〝陸の孤島〟のような冒険広場では、シロツメクサが青々と生い茂り、まわりでは多くの小鳥の鳴き声が響いていました。高台部分には自衛隊トラックが来ていて、電波塔を設営していました。また翌日には、仙台市立六郷小学校の校庭でおこなわれた遊び場づくりの支援活動を見学させてもらいました。

根本暁生さんは、一九九五年の阪神・淡路大震災の時、木造住宅密集市街地の研究を志されていた関係で被災地にボランティアとして赴かれ、そこで携わることになった遊び場づくり活動をきっかけに、住民主体のまちづくり活動としての冒険遊び場事業に関心を寄せ、その後、東京都世田谷区の冒険遊び場（プレーパーク）でプレーリーダーをされ、三年前にこの海岸公園冒険広場（ＮＰＯ法人冒険遊び場‐せんだい・みやぎネットワークが指定管理者として運営）のプレーリーダーとして仙台に来られた方です。

同席していただいた高橋悦子さん（ＮＰＯ法人冒険遊び場‐せんだい・みやぎネットワーク理事）にもお話をうかがいました。

地震、その時

根本　二〇一一年三月一一日一四時四六分、強烈な揺れを感じました。管理棟にいた私はすぐに外に出ました。冒険広場には、スタッフは私を入れて三人、来園者は計二〇人くらいでした。そのなかには障害児通所施設のグループ一〇人ほども含まれていました。その後、揺れは何度も続きました。立っていられない状況で、「いつ終わるんだ？」と思ったくらいでした。水道管からは「シュー」という水の漏れる音がし、アスファルトはミシミシと裂けていきました。

しばらくしてようやく揺れがおさまりました。数分後、公園内の津波情報伝達システムのサイレンがなり、避難指示の放送が繰り返し流れました。来園者には、公園外に出て、仙台東部道路（海岸から数キロのところに海岸線に対して平行に走っている高台の高速道路。結果的に津波の多くはこの東部道路でストップした）の向こう側に避難するよう、スタッフ三人で指示しました。

地震から二〇分後くらいには園内にスタッフ以外誰もいないことを確認しました。その後、地元荒浜在住のスタッフの一人は家族を心配して公園を離れました。私も妻と乳児の子どもが心配で何度も電話をしましたが、つながりませんでした。しばらくして、我々スタッフも公園外に出ようとしましたが、そこに地元集落の人が三人（プラス犬一匹、猫一匹）、公園に避難してきました。周辺で唯一の高台はここだというわけです。ただし、この公園は昔のゴミ廃棄場に土をかぶせてできた場所であったため、津波で流されてしまうことを警戒して多くの人は公園への避難を避けたそうです。

結果、彼らを置いたまま公園を出ることはできないということで、私たちは公園に残ることにしました。後から考えると、公園を離れていたら津波にのまれていたかもしれません。地元の人に助けられた、と思っています。

ひとまず地元の方々は高台の展望台付近にいてもらうことにしました。ただ、ラジオの情報によると、当初は震度や津波の高さの予想の数値はさほど高くありませんでした。なので、ここまで大事になるとは想定していませんでした。

津波が来た！

根本　まだまだ寒い時期でしたので、管理棟から防寒具を運び出しました。ついでにお菓子や救急箱なども一緒にリヤカーで高台の方へ運んだりしていました。そうしたなかで一五時五〇分頃、津波はやってきました。

最初は木がバキバキと倒れていく音で気づきました。公園は海に向かって高台になっていて、公園の周りから海岸にかけて防風林の松が取り囲んでおり、直接海の様子は見えなかったのです。とにかく木がバキバキと倒れていく音はものすごいものでした。そして気づいた時には、周りの松林は一気になくなっていきました（写真①）。そして海水が公園の周りを囲んでいき、管理棟は津波に飲まれました。そして、プレーリーダーハ

写真①

ウスから上の高台部分だけが津波の被害を免れました（写真②）。実際、自分自身が津波に飲み込まれるという怖さを感じている余裕もありませんでした。「来た！」と思ったらすぐに過ぎていったという感じです。一瞬の出来事でした。

我々はすぐに、高台の展望台の上に避難しました。展望台からは、津波が荒浜の集落をどんどん飲み込んでいく様子が見えました。見えないはずの荒浜小学校が見えてきたりしました。「何が起こっているんだ…、どれほどの人が亡くなっているんだ…」と茫然としました。恐怖感はここで初めて感じました。荒浜は湾ではない広い浜なので、第二波以降は陸地に届きませんでした。したがって、引き波もあまりありませんでした。

その後、雪が降ってきました（写真③）。地面に石で「五人ヒナン、ブジ」という文字を書き、救助を待ちましたが、もっと緊急を要し

写真②

写真③

ている人はたくさんいるはずなので、救助は明日以降になるだろうと思っていました。なので、無事であったプレーリーダーハウスからブルーシートなどを展望台のところに運ぼうとしていました。そうしたなか、幸運なことに、一七時一〇分頃、自衛隊のヘリが救助にやってきました。なんとか着陸できるスペースも残っていました。ヘリに乗り込み飛び立つと、眼下に一面海と化している荒浜の集落の様子が見えました（写真④）。再び恐ろしくなりました。

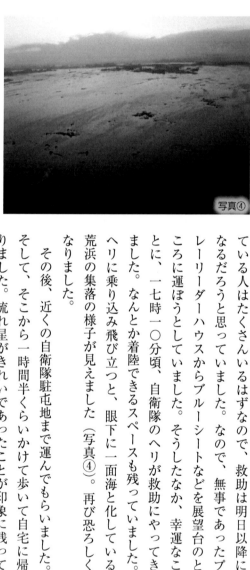

その後、近くの自衛隊駐屯地まで運んでもらいました。そして、そこから一時間半くらいかけて歩いて自宅に帰りました。流れ星がきれいであったことが印象に残っています。それほど街が暗かったのでしょう。

写真④

避難生活のなかで

根本　自宅に戻ると、妻と子どもは避難したのか姿はありませんでした。私は必要なものをバッグにつめて家族を捜しに避難所を回ったり、公衆電話から災害伝言ダイヤルに自分や来園者は無事だというメッセージを残したりしました。震災直後の避難所は恐怖と興奮の雰囲気がありました。「〜はいませんかぁ！」と声をあげることがためらわれる雰囲気でした。

翌朝、避難所（自宅近くのコミュニティセンター）では、すでに町会の人たちがお湯を沸かして炊き出しをしてくれていました。日ごろの防災訓練がいきたのかもしれません。私は名簿を作ろうと呼びかけました。また、様々な情報共有化のために掲示板のようなものもつくろうとしました。その後、他の避難所に妻子を探しにいき、結局見つけることができました。

私自身、地元の町会にはほとんど参加していなかったため、避難所でも知り合いはほとんどいませんでした。ただ、何日かのうちにいろいろ共同作業をすることで、それぞれが顔の見える関係になっていきました。たまたま赤ちゃん連れが多い避難所であったので、赤ちゃんを介して声をかけあう関係がたくさん生まれていきました。夜泣きなどで迷惑をかけてしまうので、その分積極的にコミュニケーションをとろうとしました。しばらくすると、赤ちゃんのそれぞれの似顔絵をかいた紙を張り出したり、赤ちゃんに名札をつけたりしました。それをきっかけに大人も名札をつけるようになり、三、四日たつとそれぞれ名前で呼び合うようになりました。こうして、お互いお世話をかけあうことで、小さなコミュニティのようなものができていきました。

遊び場づくりの支援活動を始める

根本　三月中は、職員や来園者、常連の人たちの安否情報確認、食料・水などのライフラインの確保など、目の前のことで精いっぱいでした。震災から一週間ほど後にＮＰＯのスタッフが集まり、情報交換と今後の活動について話し合いましたが、すぐに支援活動を始動できる状況ではありませんでした。避難所の小学校も車がたくさん駐車していて活動するのは難しい状況でした。まずは東京の日本冒険遊び場協会やその他各種団体に、子どもたちが満足に遊べない状況であることをアピールしてくれるように連絡する、ということをしました。

四月に入ると、我々も何かやらなくてはと気ばかり焦ってきた時期もありました。そもそも海岸公園自体の今後も大きな悩みの種でした。その後、ようやく五月一日から、いくつかの小学校で遊び場づくりの支援活動を始めることができました。

「自由に遊んでもいいんだ」という場をつくり、子どもたちが自由に遊ぶことが、大人たちへの何かのメッセージになればという意識でやっています。冒険広場に来たことがある子もいます。ただ冒険遊び場と同じようなことはできません。でも子どもは熱中しだすとどこことん遊びます。そこは震災前後で変わりません。

高橋　元気な子どもたちの姿は、気づかないうちに大人を立ち上がらせる働きをしていたりします。子どもたちが懸け橋になって大人の社会が広がったり、コミュニケーションが豊かになったりという状況があります。そういう意味で、遊び場支援の活動は重要だと思います。子どもたちの居場所となるだけでなく、元気な子どもたちの声を聞いて、大人たちにいい影響を与えているのではないでしょうか。これはひとつの〝縁〟づくりです。どういう場で、どういう方法で人々をつなげていくか、ということが今の被災地においての挑戦だと思います。その思いが我々スタッフ側の力にもなっています。

我々は被災当事者であるだけに、すばやい緊急支援活動はできませんでした。しかしその分、長期的に活動にとりくむという強みを生かした活動ができるのではないでしょうか。外からの支援活動（セーブ・ザ・チルドレン・ジャパンの子ども広場事業など）と時間をずらして動き始めたことでみえてきたことは、支援物資があっても、人と人のつながりがなければうまく届かないということでした。我々は、いろいろなＮＰＯに来ている子どもたちに関する支援物資をうまく届けるコーディネート的な役割も担いました。

こんなエピソードがありました。ある常連の小二の男の子は、冒険広場での遊びのなかで、火の使い方をはじめいろいろなことが自然に身についていたのです。その経験が避難所でのお手伝いに非常に役立って、周りの大人はとてもほめてくれたということです。「どこで覚えたの？」「〝ぼうひろ〟（冒険広場のこと）で！」そんなエピソードを伝え聞いてとても嬉しかったです。体験は大切だと思いました。教えなくても子どもは見ているんだと思いました。こうして培った力が人と人とをつないでいるなと思いました。将来、成長したその子に対して、「あんたは小二の時こうだったんだよ！」といえるタイミングを今から楽しみにしています。

根本　大人たちはある程度時間がたってくると、生活の見通しの関係上、どうしても利害関係が切実な形で出てきます。利害関係抜きに大人同士が話すことがだんだん難しくなってきます。そういう時に、子どもを理由にして大人同士が気兼ねなく話せるということも遊び場支援の活動の意味としてあると思います。今後は、学校だけでなく生活の場、たとえば公園などに仮設住宅が少しずつ立てられているが、そういうところでこそ活動をしなくてはと思っています。

今後について

根本　公園を囲み、海岸沿いにずっと続いていた防風林としての松林は、津波でほとんどが流されてしまいました。高台の展望台からの風景は完全に一変しました。公園北側は、倒れた松が取り払われ、整地され、現在はがれきの一時置場となっています。がれきがなくなるまでには三年ほどかかるのではないかといわれています。

残った松がどんどん切られ、がれきやゴミが次々に運ばれてくる様子をみると、とても切なくなります。生活の痕跡としてのがれきをみていると、どう考えていいか分からなくなります。救いは時期が三月で、緑が芽吹いていく時期だったことでしょうか。新緑には元気づけられます。

倒れた松はチップにして再利用するそうです。松林跡は高台にして住宅地にするとか、公園にするとか、盛り土をして道路をつくるとかの案が出ています。津波の痕跡をどこまで残すかどうかも悩みどころです。また、五月末に出た復興ビジョンでは海岸近くの集落は集団移転する計画だそうです。

冒険広場の再オープンの見込みは立っていません。再オープンする時は、ある種の震災の記憶を残すという意味合いを付与する必要があるともいます。放っておくとそうならないかもしれないので、積極的に発信をしていかないといけないと思います。

……………………………………………………………

※六郷遊び場　ぼうひろ六郷支店（六郷小学校にて開催）二〇一一・六・一二（日）一〇：〇〇〜一六：〇〇

六月一二日、仙台市立六郷小学校の校庭の片隅でおこなわれた〝六郷遊び場――ぼうひろ六郷支店〟を見学しました（写真⑤）。五月一日から始まって、この日が五回目ということです。六郷地区は、地震による建物の被害は多くあるものの、津波は届かず、家を失うほどの被災はほとんどないエリアです。スタッフとしては、被害が甚大な東六郷地区の子どもたちも来

写真⑤

写真⑥

てくれればとの思いがあるそうですが、まだ情報が届いていないのか、東六郷小の子どもの姿は見かけないということです。

この日は、コマや風船やオセロのようなゲーム盤などが持ち込まれていました。一〇時ごろからちらほらと子どもたちが集まりはじめ、幼児連れのお母さんの姿も見られました。参加人数はのべ一五人くらいで、自由に出入りしている様子でした（写真⑥、⑦）。スタッフは根本さんも含めて三人、それぞれ思い思いに子どもとの時間を過ごしている、という感じでした。活動内容は冒険広場でのものに比べて大人しいもので、それは学校や保護者との関係で、「子どもを任せても安心だ」という印象をもってもらうためであり、徐々に幅を広げていきたい、というのがスタッフの思いだそうです。

しばらくすると、近隣に在住のおじいさんがやってきました。その方は遊び道具づくりの達人で、子どもたちとともに和気あいあいと交流していました。

最初はそれぞれがそれぞれで遊んでいる様子でしたが、風船に水を入れてキャッチボールをする遊びを誰かが始めたとたん、一気にみんながそれを真似するように。そしてキャッチボールはだんだん〝水風船ばくだん〟によるぶつけあいっこに。校舎の階段の上から〝ばくだん〟を落下させる遊びも大はやり。結局スタッフも子どもたちも水浸し状態になりました（笑）。

地域の人の自発的な協力を引き出す遊び場——ぼうひろ六郷支店での素敵な出会い

写真⑦

●地域の人々が気軽に協力を申し出る

ぼうひろ六郷支店の開催を告げるプラカードを校門にとりつけているところに、一台の白い乗用車が止まり、杖をついた高齢者の方が降りてきました。

根本さんに何か話しています。「いつも、ここで子どもの遊び広場をやっているのを見て、なにかご協力したいと思い、おもちゃを作ってきたんですが、子どもたちにプレゼントしても良いですか」ということでした。根本さんは、もちろん大歓迎です。

この高齢者の方は、同じ若林区に在住の渡辺正美さん（元小学校の教師）です。

●子どもたちに手作り遊びの楽しさを届けたい

渡辺さんは、車に戻ると、一つの風呂敷包みを持ってきて、木陰の茣蓙《ござ》の上に風呂敷を広げ、子どもたちに声をかけます。さっそく、子どもたちが集まって来ました。何が始まるのか、興味津々です。風呂敷の中から出てきたのは、箱に入った竹筒と割り箸の大きさの竹の軸です。片面に紙を張った竹筒には小さな紐がついています。

写真⑧

渡辺さんの、デモンストレーションが始まりました（写真⑧）。竹の軸の先に水をつけ、紐のついた竹筒の紐をかけてぐるぐる回すと、ゲコゲコと蛙の鳴き声が聞こえてきました。観光地などでも売っている油蝉の鳴き声や蛙の声を出す昔懐かし手作りおもちゃです。

「このせみを作りたい人？ここに並んで」渡辺さんの問いかけに、すぐ子どもたちの列ができました。

音の仕掛けは、ウエットティッシュと細紐のリリアン。昔は松脂を塗って摩擦をさせていましたが、渡辺さんの工夫は、ウエットティッシュが簡単に手に入り一番いい音が出るとのこと。

「音が出る秘密が分れば、科学者になれるよ」と、渡辺さんは子どもたちに作り方を教えながら説明します。しばらくすると、校庭の桜の木下の遊び場が、真夏のようにせみの鳴き声で満ち溢れました。

●高齢者施設でもおもちゃでリハビリ——アソビリテーション

渡辺さんは、自分自身のリハビリをかねて高齢者のリハビリ施設に通っているとのことでしたが、そこにも昔懐かし遊び道具を持って行って高齢者といっしょに作って遊んでいるとのことでした。渡辺さん曰く『楽しさ』がないとリハビリは続かない」「リハビリには遊びが有効で、私はそれを『アソビリテーション』と名づけています」

今のことは忘れている認知症の方々ですが、「昔自分が遊んだおもちゃは、作り方もよく覚えていて、夢中になってとりくみます」「おもちゃは重要ですね」

●子どもたちにもっと自然とのかかわりを

渡辺さんの願いは、子どもたちにもっと身の回りの自然の営みとその神秘に目を向けてほしいということ。桜の木からハッパをとり、葉脈のねもとには蜜線があり、そこから蜜を出していることを教えてくれました。蜜を出す葉は思ったより多く、身近にあります。蜜を出す理由は、蟻を誘って葉の周りを歩き回らせて、葉を食べる昆虫を追う払うためだといいます。自然の営みの神秘と不思議がそこにあります。渡辺さん（写真⑨）は、こうした身の回りの植物の変化や不思議な営みを紹介した『キブシ通信』を、毎週発行しつづけています。一号から一五四号を収録した一冊の本『杜の都の自然通信――草木と語る』（光陽出版社、二〇〇〇・三発刊）には、丹念に描かれた鉛筆画のスケッチとともに自然の不思議が満載され、同時に自然をつかった遊びへのヒントがたくさん紹介されています。

写真⑨

●もっとこどもと遊ぶ時間を――小学校の教師は忙しすぎる

渡辺さんは、振り返ります。「現役の教師時代は、忙しくて、なかなか子どたちと一緒に遊ぶ時間がとれなかったんですよ」と。

そして「自然は、科学の宝庫であり、遊びを生み出す宝の山なのですから、先生たちにもっと草木をつかった授業や子どもとの遊びを展開する時間のゆとりを保障してやりたいですね」。

3　「その後」のとりくみをふりかえって——遊び場の力を信じながら

根本暁生
NPO法人冒険遊び場-せんだい・みやぎネットワーク
海岸公園冒険広場プレーリーダー

遊ぶ中で、「子どもらしさ」を取り戻す幼児

「うるさい！」楽しそうに遊ぶ子どもたちに対して叫んだのは、なんと四歳の女の子でした。彼女は、仮設住宅で暮らしています。そこでは、隣家同士で騒音の苦情が出ているところもあると聞いていました。誰よりもキャッキャと声を出して遊びそうな年齢の子がうるさいと叫んだのは、壁一枚向こう側に住む人のことを気にして暮さねばならない環境の中、ふだんから保護者に大きな声を出さないように言われていたからでしょうか。その子は、年の割に静かで感情を出さないと近所の人たちからも心配されていました。しかし、その後、週一回の遊び場で他の住民やスタッフに見守られながら他の子たちと一緒に遊んでいるうち、自らも「あははは…」と声を出して笑いながら楽しい時間を過ごすようになりました。みるみる「子どもらしさ」を取り戻していったのです。

時間がたつにつれひろがる遊び場づくり

震災発生直後から、拠点にしていた海岸公園冒険広場周辺の六郷・七郷地区で始めた巡回型の遊び場活動は、二〇一一年度末には週一日の開催を五ヵ所で行なっていました。二〇一二年度になると、そうした活動を見た他の地区から「うちにも来てくれないか」と声がかかって、他の地域でも遊び場活動を始めるようになりました。広範囲から人が集まってきているという仮設住宅、津波被害を受け他校に間借りしスクールバス通学になっている学校などです。さきほどの四歳の女の子のエピソードも、二〇一二年秋の様子です。

二〇一三年度からは、一五キロメートルほど南に行った岩沼市でも、市内全ての仮設住宅が集中する里の杜地区にて遊び場活動を始めました。3・11からずいぶん時間を経てから遊び場が広がっていくということは、震災当初は大人たちが子どものことまで考えていられなかったことの表れと言えるかもしれません。

遊び場で感情を出す子どもたち

時間がたつにつれ、見えてくる子どもたちのストレス要因は、地震や津波への恐れそのものより、その後の「状況」によるものの割合が大きくなっていました。そもそも子どもが遊ぶことなどは想定されていない仮設住宅の環境（住環境に加え、住戸まわりのオープンスペースの少なさなど）がまず一つのストレス要因です。そして大きいのが学校の環境でした。沿岸部で被災した小学校は、他校への間借りが長期化していましたが、その中で感じる肩身の狭さ、バス通学による友達と遊べる時間の減少、自らの学校が統廃合されるという噂（その後、現実へ）…。子どもたちに直接「つらいこと」を聞き出すことはない遊び場ですが、子どもたちが口にする言葉・行動からは、時折、行き場の無い感情が垣間見えます。

自らの学校の統合についての報道がなされたある日のこと、統合される学校の子が、統合先の学校の子に「お前の学校となんて一緒になりたくないよ！」と叫ぶことがありました。またしばらくしてから、別の子が「学校一緒になっても、いじめないでよね」と、隣に座って一緒にゲームをやっている子に話しかけるシーンもありました。3・11直後は、地域全体が被災している状況を理解した子どもたちは、とても「よい子」だったといいます。だからこそ困難を乗り越えられたのは間違いないのですが、それが長期にわたればひずみが出てしまいます。

やりたいことをやり、自分の時間を過ごしていい遊び場のような場所で、苛立ちの気持ちや不安なども含め、自分のタイミングで感情を出せることの必要性を感じています。抱えている感情を表現できるからこそ、また次の段階へ進んでいけると思うのです。先ほどの「お前の学校となんて一緒になりたくないよ！」と叫んだ子は、相手の子とたき火を媒介に一日一緒に遊んでいて、帰りには「一緒に帰ろうぜ」と自然と声をかけていました。

仮設住宅から恒久住宅への流れの中で

震災発生から三年が過ぎた二〇一四年度、被災地域では、ようやく仮設住宅から恒久住宅（集団移転等も含め自ら家を建て転居、災害公営住宅への入居、等）への移行が本格化しつつあります。仮設住宅では、空室も目立つようになってきました。

しかし仙台市の場合、沿岸部からの集団移転と言っても「この地区の人たちがまとまってこの地区に移る」という形にはあまりならず、復興公営住宅に至っては、市外を含めた広範囲から、市内各所に分散整備される約四〇ヵ所（三二〇〇世帯分）にバラバラに入居するケースがほとんどで、「恒久住宅への移行」は、仮設住宅でできた関係もいったん解体しコミュニティを再構築せねばならないことを意味していました。

そうした中、二〇一四年度私たちは「恒久住宅」と言われる地区でも遊び場づくりのとりくみを始めています。一ヵ所は、四月に入居の始まったばかりの復興公営住宅、もう一ヵ所は、浸水被害は少なからずあったものの再び居住可能な現地再建区域での遊び場です。震災発生後の活動の中で私たちは、屋外で子どもが遊ぶ姿が大人たちも元気にする様子をたくさん見てきました。子どもの遊び場づくりを通して、新たなコミュニティづくりや交流人口の増加など、子どもたち・地域を元気にしていけたらと考えています。

海岸公園冒険広場の再開は、さらに三年後

さて、二〇一一年三月一一日以来閉園している海岸公園冒険広場は、二〇一四年になってようやく再開の予定時期が決まりました。二〇一八年です。震災廃棄物の搬入場は三年で役割を終えましたが、地盤沈下を受けて周辺農地の排水路を通したり、アクセスの県道もかさ上げされたり…という中、復旧にはやはり長期間を要しました。再開時には、3・11時に五歳だった子も、もう中学生になっています。大人は、いろいろなことを計算しながら待てる長さかもしれませんが、子どもにとっては…。ここで遊んだ記憶のある子たちが、再開を喜んでまた遊ぶ…という感じになりにくいかと思うと、やっぱり残念な気持ちになります。ただ、だからこそ、今まさに続けている遊び場づくりのとりくみを大事にしたいと、思いを新たにしています。

遊び場・居場所の大切さを伝えるために

子どもたち・地域のニーズを見ながら、自分たちが「できること」にとりくんできました。被災地の大きさや潜在的ニーズを考えると、できることの小ささに無力感を感じることもありますが、とにかく目の前に見えることから精いっぱいとりくんでいきたいと思います。活動を続ければ続けるほど、子どもへ向ける大人の眼差しなど私たちが感じている課題は、全国の子

どもたちの置かれている課題の縮図だとも感じており、被災地から子どもたちにとっての遊び場・居場所の大切さをしっかりと伝えていく必要性も感じています。ここまで活動を続けてこられたのは、全国の皆さまからの支援があったからでした。恩返しの意味でも、発信をしていきたいと思いますので、今後とも見守っていただけますよう、よろしくお願いいたします。

II　子どもをエンパワメントする「遊びと文化」

1 子どもたちは絵を描きながら自ら心を癒す

末永蒼生
色彩心理学者・
アート&セラピー色彩心理協会会長

神戸で始まった心のケアボランティア

東北地方を巨大地震が見舞ったとき、とっさに私の脳裏に浮かんだのは一六年前の阪神・淡路大震災のことでした。当時、大阪で講座「色彩学校」を開催していた私は、受講生たちと共に画材を抱えて被災地のボランティアに向かいました。これが、大災害において絵を通して子どもの心のケアボランティアを行う最初の体験となりました。

ここで「色彩学校」について簡単に説明をしておきます。私が一九八九年に東京で開いた講座で、長年研究してきた色彩心理に基づき色彩表現による心のケアの方法を教えています。五年後大阪でも開講。そして、阪神・淡路大震災が起きたのはその翌年でした。受講生の中から即座に五〇人ほどのチームが誕生し、私たちはクレヨンや画用紙などの画材を抱えて避難所に向かったのです。

ショックで打ちのめされている子どもたちは、果たして絵を描く気分になってくれるだろうか。避難所で画材を配るなか、やがて子どもたちは無心にクレヨンを走らせる姿を見せてくれました。それまで、親たちが復旧のためにかけずり回っている傍らで、子どもたちは身の置きどころがなかったのでしょう。

それらの子どもたちの絵の中で私たちの目を引いたのは、画用紙いっぱいに描きなぐられる赤や黒などの強烈な色づかいでした。火山の爆発や血を流す人、赤い海など、日常ではあまり描かないようなモチーフや色づかいがあふれていました。

子どもたちは、クレヨンを握ることで抱え込んでいた衝撃を吐き出してくれたのです。自ら表現したモチーフや色彩なら、発散効果があるとみてよいでしょう。しかし、重要なのは続けることなのです。怖れや不安を解放した後に、続けて絵を描くことで気持ちが鎮まってくるからです。出張アトリエ活動は、その後一年間約一五か所の避難所を回り、〝お絵描きセラピー〟を継続しました。

「東日本支援クレヨンネット」の発足

その後二〇〇四年、「アート&セラピー色彩心理協会」を設立しました。中心は「色彩学校」の修了生で、養護教諭や看護師、小児科医、臨床心理士など心のケアに関わる専門家も所属する民間団体です。これは神戸の体験から、心のケアが必要な場面で活動できるネットワークの必要性を痛感したからでした。それにしても、このネットワークがこんなに早く必要になるとは……。

二〇一一年三月一一日、東日本大震災は阪神・淡路大震災を数倍上回る被害をもたらし、そのうえ、福島では原発事故が発生。とにかくできることから始めようと、「アート&セラピー色彩心理協会」の会員に呼びかけ、「東日本大震災クレヨンネット」として活動をはじめました。地震後三日目です。すぐに立ち上げができたのは、東北地方の会員が率先して動き始めたからです。もちろん、そのメンバーもほとんどが被災者。地震から二週間後の三月二七日、岩手のメンバーが「絵を描いて元気になろう！ 子どもと大人のためのぬり絵セラピーワーク」を盛岡市内で開催。三月三〇日には、私が主宰する「子どものアトリエ・アートランド」の東京本部クラスでもオープンデーを開催、参加者の中には福島から避難してきた二組の家族もありました。ショックから覚めやらない子どもたちも、絵を描くことで少し気分を落ち着かせてくれたようです。その後、仙台、福島…と継続的に実施できる出張アトリエの場が広がりつつあり、会場によっては子どもだけではなく大人の参加も見られます。

絵による心のケアの方法とルール

今回私たちは、ボランティア活動を始めるにあたって基本的なルール作りをしました。このルールは、実は絵を通して心のケアを行うアートセラピーの考え方に基づいているものです。

「アートセラピー」というのは、一〇〇年ほど前から欧米で行われている心理療法の一つです。方法としては絵や彫刻、音楽、ダンスなどの表現を通して、心理的な癒し効果を促すものです。最近では日本でも保健室や病院、また一般の心理相談などの場面でも導入されつつあります。

さて、被災地での心のケアのルールですが、まず大前提は「被災地に住むメンバーの活動を支援」するということ。それは阪神・淡路大震災の経験以来、ボランティアのあり方としていかに当事者に寄り添うかということが課題になってきたからです。

表現の自由度が高いほど心理的な苦痛を和らげてくれる

絵による心のケアは直接心に触れることであるだけに、一定の体験と知識が必要になります。ここでは、アートセラピーの考え方も含めて説明をしていきたいと思います。

絵を通して一時的に恐怖や不安を発散するだけでなく、穏やかな気分を取り戻すような継続した長期のかかわりや声かけが必要です。子どもの場合、ショックや不安を感じても複雑な心の動きをうまく言葉で言い表せないことがあり、その結果、ネガティブな感情を知らず知らずため込んでしまうことがあり得ます。たとえるなら心にトゲが刺さったままの状態であり、いわば「トラウマ」となるのです。そんなとき、絵を描くことが心のトゲ抜きを促すのです。

ここで絵による心のケアに際し最も大切なことがあります。それはあくまで子どもが自発的に描きたいものだけを表現できるという自由度の高さです。絵の上手下手を気にしないでくつろいだ状態で描けるからこそ安らぎの効果があるのです。一方、阪神・淡路大震災の体験からも心に触れるケアには繊細さが必要であり、間違っても無理に被災体験を聞き出したり、絵の内容について質問することは厳禁です。もしも、子どもがつらい体験を自ら話し始めたなら、安心できる信頼関係の中で静かに受けとめてあげたらいいのです。

また、あまり知られていないことですが画材の種類によって心理的な作用が異なる点も大事な要素です。感情を思い切り吐き出したいときには子どもはクレヨンを好みがちですし、スキンシップが必要なときには水彩絵の具や粘土の触感が鎮静効果を促すといった具合です。つまり、子ども自身が画材を選べることもよりよい心理作用を生み出すのです。このような配慮の上で行うなら〝お絵描きセラピー〟はとても効果があります。

絵によるケアの方法が生まれた背景

最近は被災した子どもたちのメンタルケアのために絵を描かせるという方法が広く知られるようになりました。一方、誰でもそんなに簡単にやっていいのだろうかという疑問が寄せられることもあります。

私自身は講座「色彩学校」を通して、絵による心のケアやアートセラピーの方法を体系的に伝えています。その内容は、四〇年前から子どものための自由表現の場として「子どものアトリエ」を開いてきた私の体験に基づいています。長年、多くの子どもと向き合ってくる中で、いじめや不登校で悩む子どもたちが絵という自己表現を通して自分らしさや自信を取り戻していく姿を目のあたりにしてきました。その変化は時に感動的ですらありました。何より、子どもが秘める回復力への信頼を深めてくれたのです。この体験が絵による心のケアの方法を生み出すうえで役立ったことはいうまでもありません。この方法を「色彩学校」の受講生にも伝え、共に実践をしています。もちろん、今回設立した「クレヨンネット」も、そのメンバーで構成されています。

クレヨンは心のクスリ箱

この文章を書いている今、東日本大震災から三ヵ月半が経ちましたが未だ多くの行方不明者があり、福島の原発事故は収束の兆しすら見えてきません。現在、「クレヨンネット」は十数ヵ所で、出張アトリエを続けています。

被災地からの報告によれば、福島での出張アトリエに参加した小学二年生の女の子は青い海に体を沈めている人物を描きました。津波の被害が脳裏にあったのでしょうか。ちょっとドキッとするイメージです。ただ、女の子はその絵の中で最後には水面に浮かぶ黄色い浮き輪を描いたのでした。あたかも、「これで助かる！」という思いを表現しているように見えます。子どもは一枚の絵を描き進めながら、希望のイメージへと進んでいくかのようです。

厳しい状況の中、せめて絵を描いて気持ちに安らぎを感じてほしい。それだけが私たちの願いです。かつて神戸で出張アトリエに参加した小学一年生の男の子のことが忘れられません。彼は一〇年後に次のようなことを語ってくれたことがあります。

「今は、芸術系の大学に行きたくて日々がんばっています。震災や日本だけに限らず、過酷な日々を過ごしている人が世界中にいると思う。そんな人たちにもつらい状況を感じさせないくらいの絵が描けるような日々がくればよいと思う」（『小さなクレヨン詩人たち』末永＋藤井編　世界子どもクレヨン基金）

避難所で絵を描きながらつらさをしのいだ一人の子どもが、今度は自分が人の苦しみを和らげる表現活動をしていきたいという思いを育んでいたのです。まさに、子どもにとってクレヨンは〝心のクスリ箱〟なのです。今、東日本の被災地で不安と闘いつつクレヨンを手にする子どもたちの心の中にも、きっと未来に向けての光が射し込んでくるに違いないと信じています。

2 被災地に「遊び場」をつくる

天野秀昭
日本冒険遊び場づくり協会理事

「おーっ」「津波だーっ‼」「わーっ」「逃げろーっ‼」

言葉だけ聞くとドキッとしますが、これは気仙沼市につくった遊び場での日々のひとコマです。藪だった斜面を切り開き、その斜面を利用して設置したコンパネ五枚分の長さの滑り台。この滑り台が「津波ごっこ」の格好の遊び場。遊び方はさまざまですが、その種類を大きく分けると、上から何かを転がしてそれを津波に見立てるものと、自分たちを津波に見立て下から駆け上がり、上の子を追い込むものとがあります。

気仙沼の「あそびーばー」

子どもによって「あそびーばー」と名づけられたこの遊び場は、気仙沼市の南端、本吉町大谷地区にあります。今回の震災で、一二六〇世帯中、家屋の流出・全半壊三九六。およそ三世帯に一つが家を失う被害を受けていることになります。被災前の子どもの数は幼稚園児約一二〇人、小学生約二五〇人、中学生約一二〇人。その三校舎が一つの敷地に固まってあるのが特徴です。

校舎群は海岸線から五〇〇メートル程度の距離ですが、リアス式海岸の特徴でぐっと上がり、およそ三〇メートルの高台にあります。この小学校の校庭がさらに六〇センチメートル程度水没したのだといいます。校庭の端に行き海を見下ろすと、あの距離にあるあんな低い位置にある海面がどうやったらここに来られるのか、どんなに想像力を膨らませてもイメージしきれません。そもそも、校庭からでは（家並みで）海は見えなかったというから、それ自体想像を許してはくれない現実。五感が震え、心が締め上げられていきました。

遊び場を立ち上げる。これは今回の被災直後から考えていたことでした。しかし、とにかく被災地域が広すぎ、どこからどう手をつけていっていいのか……。原発も破滅的な状況で、被災直後の動きを鈍くした大きな原因でした。

気仙沼市に決めたのは、阪神・淡路大震災のときも協働した『シャンティ国際ボランティア会（略称ＳＶＡ）』が今回も緊急救援に入ることを決定し、その拠点を気仙沼市に定めたことによります。その後さらに大谷地区に定めた理由は、既述のとおり幼小中と一ヵ所に集まっており、この近くに遊び場を立ち上げたら地区のすべての子どもが来られるという立地だったこと、また、後述する阪神・淡路大震災の教訓からコミュニティの力が残る地域で展開したかったこと、何より避難所で出会った責任者の方が強力な協力者としていてくださったことです。

阪神・淡路大震災の体験

前述のとおり、阪神・淡路大震災時にも、私たちは神戸市長田区で五ヵ月にわたり遊び場づくりを行いました。

震災から三日、私たちが運営する世田谷の冒険遊び場に来た一人の子どもがこうつぶやきました。「テレビが震災のことばかりでつまらない」。子どもからすれば、毎週楽しみにしていたアニメやドラマが次々震災のニュースになってしまうことにそう感じることは自然ともいえます。しかし、画面の向こうでは幾千の人が亡くなり、また大切な人を失っているのです。これはテレビゲームではなく現実なのです。それなのにこの現実感のなさ。一体どうやったらその現実を子どもに伝えられるのか。そういう自分たち自身がそれを語れる現実感をもっていない。ならばまず、自分たちが語れる実感をもつ必要がある……。そこで行くことに決めたのですが、自分たちが行くならば「子どもも被災者」であるという視点で被災地での活動をしたい。遊び場をつくろうと決め、緊急救援に長けたＳＶＡとの協働という形で長田区に入りました。被災から八日後の一月二五日のことでした。

遊び場を立ち上げたのは二月三日。そこはまだ神戸市が発行する地図にも載っていない、できたばかりで避難場所にも指定されていない公園でした。それでもすでにそこには二五〇名からの避難者が、自ら簡易宿泊所を建てて住んでいました。まだ緊急救援も行き届かず、炊き出しや生活用品、衣料の配布に一〇〇メートル近い列ができていました。その真横で歓声を上げ、子どもと元気に遊んでいたのが私たちだったのです。

今回の災害では、かなり早い段階で「子どもの心のケア」の問題が取り上げられていましたが、阪神・淡路大震災のときには、そうした声はまったく上がりませんでした。むしろ、子どもの心も大きな傷を残すことはこの阪神・淡路大震災で学んだといってもいいでしょう。そんな時代だったこともあり、緊急救援で入ってきたボランティアや被災した人たちに、私たちの行動はとても奇異に映ったようでした。なかには「遊びに来ているんじゃない！」とか「ふざけてるのか！」というお叱りまでありましたし、増える避難者に場所がなくなり、遊び場は何度も縮小を求められました。けれど、避難所指定された学校や公園は災害復旧の車、自衛隊の基地などで埋め尽くされ、もはや子どもがいられる場所は他にはないように思えました。

私たちが入ってから一ヵ月が過ぎたころから、大人たちは自分の被災体験を猛烈な勢いで話すようになりました。一時間でも二時間でも話すのを聞きながら、「やっとこうして言葉に置き換えられるようになったのかもしれない」と感じ、早く子どもにもそういうときがくるといいなぁと、そのときに思ったのでした。

さらに一ヵ月が過ぎるころ、そのシーンは衝撃的に訪れました。手づくりの机の上に子どもが何人も乗り、スクラムを組み一斉に揺らしだしたのです。「震度一じゃ、二じゃ……」。そして「震度七じゃ‼」と叫ぶと同時に揺れは最高潮に達し、机の脚を折る。ばたっとつぶれる机。「わーっ！」という歓声が一斉に上がりました。また、こんなシーンもありました。端材を地面に並べ、間に新聞紙を丸めて熾火をつけ、うちわで扇ぎながら「燃えとる、燃えとる、町が燃えとる、学校が燃えとる！」ここでも大きな歓声が。

この遊びは、避難所に移動してきた大人たちの不快感を大いに誘いました。「何でこんな遊びをやらせとるんじゃ！」「やめろ！」と直接子どもをどやす人も。「やっと出た」と思った私たちは、この遊びは子どもにとってはとても重要な遊びであることを話し、頼むから止めないでほしいとお願いしました。

大人でも、体験に言葉を与えることができるようになるまで一ヵ月を要したのです。それほど圧倒的な体験だったわけです。ましてや子どもはその心を表す言葉をもち合わせていません。震度七じゃ！で机をつぶし、うちわで扇いで炎を大きくし、そうすることで圧倒的な体験を自らコントロールできるものとして置き換え、なんとか了解可能なものにして心に納め直そうとしている……。震災ごっこと名づけたその遊びを、私たちはそう理解したのでした。

遊び場を始めたころは荒っぽかった子どもたちでしたが、三ヵ月を過ぎるころにはかなり落ち着きを取り戻していきました。それとともに、こちらも引き際を考えるようになっていきました。東京から神戸。これがずっと続けられることではありません。子どもに関する関係機関・団体は、当時思いつく限り当たりました。児童館、ＹＭＣＡ、市や県の児童関係課、神戸新聞等々。遊び場がどれだけ大切な場所になっていたかは、子どもを見ていればよくわかります。どんな形でもいいから何かの形で残したかったわけです。しかし、当時はどこを訪ねても「そんな場合ではない」状態でした。

子どもは、被災して多くのものを失います。それの最たるものは、大人の柔らかな視線なのかもしれません。受け止め受け容れられる、その体験ともいえます。被災した大人にはそんな余裕はなくなってしまうし、避難所では元気を取り戻した子どもほど、うるさくて迷惑がられることさえあります。家やものばかりではない子どもの喪失感を、子どもは遊びのなかで自ら埋めようとします。そう、子どもには傷んだ気持ちを、自らをケアする力がもともと備わっているのです。その遊び場を私たちは残すことができず、子どもから奪ってしまうことになりました。六月三〇日、「子どもたちの復興」と題したシンポジウムを神戸で開き、五ヵ月にわたるこの活動は終了しました。

いのちの核を育む場

子どもには、自らをケアする力がそもそも備わっています。これは、日ごろから子どもの遊び場づくりをしている私たちの実感です。それは、動物が怪我を負いその傷を自らなめて治癒する姿と重なります。災害という、常識をはるかに超える体験をした子どもがその機会をなお欲するのは当然で、子どもが自分を手当てできる環境を保障し、かつそのコミュニティの人にも愛される場所にすること。それが今回のベストのイメージでした。

気仙沼の「あそびーばー」は、本当にコミュニティの人に愛される場となりました。その理由の最大のものは、そもそものコミュニティが子どもを大切にする気風だったからということに集約されましょう。避難所でもあったコミュニティセンターの壁に、大きな手書きの壁新聞があって、そこの最上段に「子どもたちは地域の宝です」と書かれていたこと。遊び場をはじめて数日後、「避難所で子どもがどれだけ我慢してたかよくわかった。遊び場で遊ぶようになったら、あっという間に子どもの野性がはじけた」と嬉しそうに報告してくださったこと。これらに私たちは本当に心を救われて遊び場の運営にあたってこられたのです。

そして今、子どもにとっては遊ぶ機会が自分をケアするために必要であることだけでなく、「場」をつくったことの意味を改めて深く考えさせられてきました。地域の大人がそこに集まることで、老若男女の交流の場となっています。その大人たちが、子どものすることを温かく見守る、その視線自体が、子どものケアをさらに深めていきます。大人も同じこと。自分の被災体験を、互いに話し泣き合う。「家にいたら泣いてばかりだけどここは子どもの声が明るくて気がまぎれる」というおばあちゃん。遊び場は、新たなコミュニティの核となるエネルギーを秘めているのだと、この間思い知らされました。

さまざまな支援活動を調査しているＮＰＯの人が「あそびーばー」を訪ねたとき、「こんなに明るい被災地、初めて！」と言いました。生きる希望がつながっていく、遊び場は、新たないのちの核を育んでいく場なのです。

3 心のケアを行う「あそび支援隊」のとりくみ

馬場 清
特定非営利活動法人日本グッド・トイ委員会事務局長

「津波に流されないように丈夫な家をつくるんだ」

これは、私たちNPO法人がとりくんでいる被災地支援の活動「あそび支援隊」の訪問地、陸前高田市の遊難所のプレイコーナーで、積み木遊びに興じていた子どもがふと漏らしたことばです。未曾有の被害をもたらした東日本大震災では、多くの子どもたちが、家族との別れを経験し、また住まいだけでなく楽しかった思い出も津波とともに流され、大きな喪失体験を味わうことになりました。そうしたなか、子どもにとっては、自分の内にある想いを表出し、そのことでつらい思い出や体験を乗り越えていく必要があるとよく言われます。このひとことは「おもちゃ」や「あそび」がそうした想いを表出するためのツールとして、大きな役割を果たすことを実感できた瞬間でもありました。

私が所属する特定非営利活動法人日本グッド・トイ委員会は、市場にあふれるおもちゃの中から優良なおもちゃ「グッド・トイ」を選び、普及させること、そしておもちゃの専門家の育成を通して社会貢献を行うことを目的に、一九八七年に設立されました。そして二〇〇三年に、NPO法人を取得、二〇一〇年には認定NPO法人に認定されました。

具体的な事業内容は多岐にわたっています。主なものだけでも、東京都新宿区四谷にある東京おもちゃ美術館の運営を通した多世代交流事業、全国一六〇ヵ所以上で展開している「おもちゃの広場」の運営を通した子育て支援事業、関東圏計六ヵ所の小児病棟で展開している病児の遊びとおもちゃケア事業、全国各地を巡回し、グッド・トイの普及を行う移動おもちゃ美術館（グッド・トイキャラバン）事業、おもちゃの専門家たる「おもちゃコンサルタント」等を育成する人材育成事業、そして毎年行っている優良おもちゃ「グッド・トイ」を選ぶ「おもちゃ選び」事業などがあります。これらの事業の根底に流れる哲学は、おもちゃを通して社会貢献活動、市民性創造活動を行うことにあります。

そして突如として日本を襲い、未曾有の被害をもたらした東日本大震災についても、披災地支援のとりくみとして、「おもちゃ」と「あそび」を通した子どもの心のケア活動ができないか、震災直後から模索が始まりました。そうして始まったのが「あそび支援隊」です。

日本グッド・トイ委員会としてできることの模索

私たちが被災地支援を行う上で大切にしたこと。それは独りよがりの支援にならないようにすることです。そのためにまず、ともかく現地の子どもたちのあそび環境・おもちゃ環境がどのようになっているのかをリサーチしました。

幸い、当法人の理事長である多田千尋は、かれこれ一〇年くらい前から、被災地の一つである岩手県陸前高田市社会福祉協議会と太いパイプで結ばれていました。しかし陸前高田市社協は津波で会長をはじめ、ほとんどの専任職員を失うことになります。そのなかで、残されたスタッフから、市内の多くの保育所、幼稚園が被災し、おもちゃやあそびの環境がズタズタに破壊されたこと、また避難所にいる子どもたちのストレスがどんどん高まっていることなどが情報としてもたらされました。

またこれも偶然だったのですが、私の連れ合いの出身が宮城県気仙沼市でした。地震後一週間は連絡もまったく途絶えた状況でしたが、その後、連絡が取れて、刻々と変わる現地ニーズについて、知人や行政関係者、避難所運営管理者等々からもたらされることになります。

こうした現地の状況を踏まえて、私たちNPOができること、いや私たちの強みを生かした支援ができないか、模索が始まります。そこで考えたのが、「あそび支援隊」の結成です。これは、「あそびの達人」たる「おもちゃコンサルタント」（ヒト）が、優良なおもちゃである「グッド・トイ」（モノ）を、デザインされたフロアパネル（環境）と一緒に届け、そこで、「おもちゃ」と「あそび」を通じて、子どもたちに笑顔になってもらおうという活動です。この「ヒト」「モノ」「環境」の三点セットを被災地にある避難所、保育所、幼稚園、児童館、学童クラブ等々に届けるというのが、この「あそび支援隊」の特徴です。

この活動を行う上で、実は大きなネックがありました。それは「おもちゃ」をどう集めるかです。しかしこの不安は、杞憂に終わりました。これまで二四年間にわたって行ってきた「おもちゃ選び事業」で培われたおもちゃメーカー、おもちゃ作家とのネットワークが十二分に生かされることになったのです。一〇〇社を超えるメーカーや作家さんに連絡をしましたが、そのほとんどの方が、私たちの活動の趣旨に賛同してくださり、私たちが思い描いていた以上のおもちゃの寄贈を快くしてくださいました。その数一万点以上、日本国内だけでなく、フランスの積み木メーカーやドイツのぬいぐるみメーカーなど、世界各国のおもちゃが、続々と届くことになりました。こうして集まったおもちゃは、四月二四日、一〇〇人以上のボランティアによって、一〇〇箱の赤いプラスチック製のおもちゃ箱に収められ、被災地に向けて届けられました。

あそび支援隊の活動

こうしてつくられたおもちゃセットを持参して被災地を訪れ、「おもちゃ」と「あそび」を送り届けるのが「あそび支援隊」のとりくみです。おもちゃを他の支援物資と同じように、ただ届けるだけでなく、おもちゃの専門家・あそびの達人たる「おもちゃコンサルタント」が届けることが最大の特徴です。

これまで東京本部から被災地に向けて実施しているとりくみのほか、岩手支部、宮城支部、さいたま支部の合計三つの地域グッド・トイ委員会（支部）も、独自に活動を行っています。全国にいるＮＰＯの会員、おもちゃコンサルタントのネットワークを最大限に生かして、それぞれの実情に合った活動を展開しています。

そのなかで、さまざまな子どもたちの様子が垣間見られます。共通して言えることは、子どもたちがあそびや笑い、楽しいことに飢えていて、ともかく「あそび」を通して、子どもらしい瞬間を取り戻していることです。時に避難所での生活は、いろいろな意味で制限があり、子どもなりに自分を押し殺して、「いい子」になって過ごしていることが多く、だからこそ「あそび」を通して子どもらしく、自分らしく過ごせる時を保障していくことが大切だと思うのです。そのことを強く意識したのは、四月上旬に行った「あそび支援隊」に参加したある保育士の方から次のような手紙が届いたときです。

「……ぬいぐるみをプレゼントされた女の子が、自分の服の背中にぬいぐるみを入れてずっと離さずに遊んでいる姿を見ました。その子に声をかけてみたら、『このぬいぐるみふわふわでやわらかいの！』と言っていました。その女の子はよく『うちは半壊したの』などと大人びた口調で話をしているのですが、ふわふわを楽しむ姿は子どもならではの表情でした。おもちゃの取り合いで子どもらしいトラブルも見られ、困ったケンカではなく自分を押さえずに出せる姿に安心することもありました」

こうして私たちが届けた「おもちゃ」と「あそび」はいろいろな役割を果たしているようです。

あそび支援隊の成果と今後の活動

最初私たちは、避難所の子どもたちのおもちゃ・あそび環境をどう整備し、子どもたちの心のケアのために、私たちが送り届ける「グッド・トイ」をどうにかして活用できないかという視点で活動を始めました。しかし実は、かなり早い段階から、特に大きな避難所では、おもちゃや絵本が支援物資として届けられていました。ただしそれらの質、あるいは運営方法は必ずしも子どもたちにとってよかったかどうかといえば、首を傾《かし》げざるをえません。単なる「気休め」としてのおもちゃ、プレイコーナーの片隅に打ち捨てられたかのように片づけられずに置かれたおもちゃは、震災直後の子どもたちにとっては、心を癒す一つのツールにはなっていたものと思われますが、継続的にそれが活用されたかといえば、なかなか難しい状況でした。

一方、私たちの「あそび支援隊」の活動は、単におもちゃを支援物資として届けるだけでなく、「おもちゃの専門家」たる「おもちゃコンサルタント」が一緒に行き、そこでともに遊んで、その場所のリーダーに託してくるというスタンスを取りました。必ずしもすべてがその後効果的に運営されたかといえば、実際そうではない部分もありますが、届けられた多くの「グッド・トイ」がいろいろな形で「活躍」していることは、おもちゃを届けた先からいただく「報告」から容易にうかがい知ることができます。その点では、継続して子どもたちのために役立っていると確信しています。

一方、活動を始めてすぐにわかったことは、おもちゃ・あそびのニーズは避難所の子どもたちだけでなく、むしろ自宅にいる（あるいは戻った）子どもたちに高いということでした。まだ幼稚園や小年校が開始される前には特にそうでした。こうした状況を受けて、広く地域に呼びかけた形で「あそび支援隊」の活動を実施することにしました。

先発隊が行った四月上旬のとりくみのなかでは、保育所、幼稚園の被害の深刻さも浮かび上がりました。建物そのものが全壊・半壊したところだけでなく、水につかっておもちゃが使えない、流されたというところも多数存在していることが判明したのです。こうしたニーズに対して、気仙沼市では、ある保育士の方を中心に市内の保育所、幼稚園、児童館等に呼びかけて、「おもちゃ」の必要性を把握、必要なところにおもちゃを送るようにしました。その際役に立ったのは、簡単なおもちゃの遊び方を掲載した「遊びのレシピ集」と身のまわりの物を使って簡単に作れる手作りおもちゃ遊びを映像で紹介した「あそびのＤＶＤ」でした。この「レシピ集」については、毎年行っている「おもちゃ選び事業」を担当するおもちゃコンサルタントが制作しました。またＤＶＤはチャイルドリサーチネットの多大なる協力のもと、ふだん東京おもちゃ美術館で活動しているおもちゃ学芸員やおもちゃコンサルタントが出演して制作しました。さらに今年の八月には、気仙沼地域で移動おもちゃ美術館事業「木育キャラバン」というイベントを行い、二日間で七〇〇人以上の方々に木のおもちゃを満喫してもらいました。

「おもちゃ」「あそび」は、食事と同じくらい大切な「心の栄養素」です。今後も継続的に、それぞれの時期のニーズに合わせた「おもちゃ支援」「あそび支援」をしていきたいと思います。

4　遊びは「生きる力」と「感謝の心」を育む

田中雅子
NPO法人メイクザヘブンめ組JAPAN

震災後、子どもの声が聞こえない町・石巻

私が石巻に入ったのは、二〇一一年三月二〇日、震災から九日目でした。食べ物もまだ十分に配給されておらず、物資を避難所や各家庭に配っていた私が車の中から目にしたのは、スーパーの袋に泥の塊をたくさん入れて歩く子どもたちの姿でした。すれ違う子どもたちに中身を聞くと、それは泥だらけの缶詰や未開封の瓶でした。「ヘドロの中から拾ってきたの」と見せる顔が、今まで見たことがない〝疲れた笑顔〟で、私の胸を締め付けたのは忘れられません。

石巻に入って数日後、まだおにぎりの配給も不十分の状況の時に、物資を届けた家で缶コーヒーを出されて驚きました。そのコーヒーは、近所の中学生が自動販売機を壊してとってきたおすそ分けで、その販売機はアルミ箔をぐちゃぐちゃに破いたような青い物体に変わっていて、見た時は言葉を失ってしまいました。

普段私たちは、子どもたちに「人のものをとってはいけない」「壊したら正直に謝るんだよ」と教えてきました。でも震災後、食べ物も飲み物もなく、いつ救援が来るのか誰もわからない状況で過ごした不安な数日間は、想像を絶するものだったと思います。

地震と津波の恐怖が過ぎ去った後に残されたのは、初めてのことばかり。子どもたちは遺体をまたぎながら商店に向かい、落ちている鉄の棒を拾ってガラスを割って中に入り、食べものをポッケに入れてくる。その子の目にはその時何が映っていて、今は何が記憶として残っているのでしょう。

子どもの笑顔が大人を元気にする

石巻の漁師町では、家・船・港・家族を失った人がたくさんいらっしゃいます。「俺たちは、ないない尽くしだ。希望の光が何もなくなってしまったよ。これからどうしていいのか分からないよ」と嘆き悲しむ声に、なにも力になることができない自分の無力さを感じさせられた五月・六月でした。

この時、あるアーティストとご縁をいただき、この漁師町で子どもたちと「子ども映画館」の制作が始まりました。毎日学校が終わると、子どもたちは飛んでやってきて、映画館づくりに没頭しました。映画館をつくる時の子どもたちの笑い声が、漁師町に響きわたり、町の人たちの表情も柔らげました。映画館完成の日、上映会に一〇〇人以上の子どもと親御さんが集まり、楽しそうに駆け回る子どもたちの姿を肴に、親御さんたちも嬉しそうにお酒を飲んでいました。その時お父さんの一人が「けろちゃん（注：筆者のこと）、大人はみんな元気がなくてだめだ。でも子どもがこうして笑ってくれていると、俺たち大人は元気になれるんだ。子どもがいつも笑っていられる公園を作ろうよ」

この言葉は私の心に響きました。子どもたちが笑って、安心して遊べる場所を作ろうと、この時決めました。

黄金浜のちびっこあそび場を再生

上映会から数日後、この漁師町から少し離れた地区で「公園を復活させたいから手伝ってほしい」という声をいただきました。この黄金浜地区は被災度も甚大で、住民の数は八分の一ほどに減少し、樹木のない壊れた家だらけの場所でした。

でも幸いなことに、ここには私有地を子どもたちのために開放していた公園があり、そこは瓦礫の置き場にもならずに残っていました。子どもの数はもし一人か二人だとしてもその子たちと一緒に笑えたら、それでいいと思いました。早速、石巻市の都市計画課を訪ね、整地のお願いをしました。八月には業者の方々が入り、土は山から運ばれてきて、見違えるようにきれいになりました。

九月一〇日のあそび場初日に向けて準備をするなかで、国内、海外の遊具を取り扱う企業から、遊具の提供のお話もいただきましたが、このあそび場は「土と水と火と木、そこにあるもの」で作りたいと考えていたのですべて断りました。この頃は、避難所の解散の時期でしたが、どこの避難所にいっても遊び道具はあふれかえり、ものは使い捨て状態でした。つい数ヵ月前の、何もない時からは想像できない状況でした。遊び道具だけでなく、ものがあり過ぎることが「あることへの感謝の気持ち」を麻痺させてしまっていたように思います。

このことは、私には戦後六七年の歴史の縮図にみえました。今の社会自体が「大量生産、大量消費の産業＝生活の安定＝使い捨てはあたり前という常識」になり、「自分で作ること」「与えられたものを大切にすること」そして「あることへの喜びと感謝」を忘れてしまっているような気がしてなりません。このあそび場は、これらを大切にし「自分たちが作りたい自分たちで作るあそび場」にしていきたいと思いました。

毎週末のあそび場での私たち大人の役目は、できるだけ規制をしない、子どもたちの自由な発想と創造力を思いきり出せる環境を作ることだと思っています。どこに行っても「規制」が多い社会とは別に、ここでは命に関わること・人を傷つけること以外は「ダメ」とは言いません。木材と大工道具はいつでも置いているので、作りたいものを作って、またそれを壊して…を繰り返しています。壊すことは悪いことと教えられがちですが、作って壊すことは、表現力の乏しい子どもにとって、大きなストレスの発散方法の一つです。子どもたちを見守ることが、子どもの安心感にもつながります。火をおこすと、ずっと見続ける子もいます。でもこれも大切な時間です。

遊びが生みだすわくわく感

私にとって遊びのキーワードは「生きる力」です。男の子は大工の真似をして、女の子はおままごとでお母さんになりきって料理や子育てをする「ごっこ遊び」は、生活がそのまま遊びになっていて、子どもたちは好んでやります。そしてそれが、想像力や社会性、協調性を育む機会となります。遊びは子どものすべてと言ってもよいくらい大切なものです。

また、昔は子どもだった大人たちも、あそび場では童心に帰れるようで、あそび場に畑を作って野菜を育てたり、ピザを焼くための石釜を作ると張り切っているお母さんや、廃材を使ってウッドデッキを作ってくれている地元の大工さんもいて皆さん楽しんでいます。大人にとっても子どもにとっても、このわくわく感が何より大切だと思います。

最近は、子どもへのおやつを差し入れしてくれる方がいたり、隣の県営住宅の方が水道のないあそび場に水を提供しようと住民総会を開いてくれたりと、地域の方たちがあそび場に関心をもってくれるようになりました。これはとても嬉しいことです。

昔は三世代が一緒に暮らすのが当たり前で、多世代の知恵が受け継がれる場所が家庭でした。隣近所の人も悪いことをする子どもを真剣に叱り、子どももそれを受け入れていました。つまり、地域が子どもを育てていましたが、核家族化が進み、そのような素敵な日本の慣習も薄らいできてしまいました。

このあそび場「黄金浜ちびっこあそび場」は、子どもだけの居場所でなく、おじいちゃん、おばあちゃんが昔遊びを子どもに教え、子どもの笑い声をお茶うけに、日向ぼっこをしてみたり、子どもと一緒に遊ぶお父さん、お母さんの情報交換の場所になるなど、地域のみなさんの「居場所」になればと思っています。

私の役目は、石巻が震災前のように笑顔いっぱいの町に戻るまでの「お手伝い」だと思っているので、あそび場が地域のみなさんで見守れる日が来るまで、もう少し一緒にいさせていただきたいです。与えられているすべてのものに感謝する心とともに、子どもたちと笑いながら楽しく過ごすことが、今の私の願いです。

5　文化の力と被災地の子どもたち

加藤　理
文教大学教育学部教授

震災の中の子ども

二〇一一年三月一一日午後二時四六分、突如襲った激震と津波が、それまでの穏やかに流れていた時間と平和な暮らし、そしてたくさんの幸せな思い出を根こそぎ奪い去っていきました。激震が収まって津波が去った後には、この世のものとは思えない光景と瓦礫の山が、雪が激しく舞い散る東北の大地に広がっていました。

大人たちが呆然自失して被害状況を見つめるしかなかったあの日以降、嘔吐や夜尿を繰り返したり、親が離れることを極端に恐れたり、暴力的な言動になったり、地震ごっこを繰り返したりする子どもたちの様子が各地で報告されています。被災地の仙台に住む筆者の五歳になる女児も、震災からしばらくの間、「ここが宮城県沖地震が起きた場所」と言いながら紙を黒く塗りつぶしたり、涙を流す女の子の絵を描くことに執着したり、目の前の大きな木を見て「あの木、倒れてこない？」などとつぶやいたりすることがありました。

ＰＴＳＤ（心的外傷後ストレス障害）に苦しむ子どもたちは、頻発する余震に加え、街を呑み込む大津波の映像や、大地や建物を激しく揺るがす地震発生直後のカメラ映像がテレビから流れるたびに、心に刻み込まれた恐怖を追体験しながら増幅させていったのです。

子どもたちの日常生活にも震災は大きな影を落としました。被災地から外遊びする子どもたちが消えたのです。津波に襲われて瓦礫の山となった沿岸の街から外遊びする子どもの姿が消えたことは言うまでもありませんが、沿岸の街にとどまらず、津波被害のなかった内陸寄りの被災地からも外遊びする子どもの姿は消えてしまったのです。

散乱する家具や生活用品の片づけに追われる家では、子どもは親の傍で遊ぶことを余儀なくされてしまいました。また、上空をヘリコプターが舞い、救急車や消防車のサイレンが鳴り響き、大人たちが食料と水の確保のために必死に動き回る緊迫した異様な雰囲気は、子どもたちから外で遊ぼうとする欲求を奪っていきました。さらに、高層マンションに住む子どもたちの場合、停電でエレベーターが止まっている中では、非常階段を上り下りして外に出ることは容易ではありませんでした。追い打ちをかけるかのような放射線の恐怖が、ますます子どもたちを外遊びから遠ざけてしまいました。

ライフラインが止まった不自由な暮らしの中で感じるストレスも子どもたちを苦しめていました。入浴することはもちろん、トイレで水を流すことすらできない生活がしばらく続いていました。歯磨きするときも、コップ半分くらいの水を大切に使うことが求められました。一個のおにぎりと、一杯の水が命をつなぐ日々が続いていたのです。

避難所で暮らす子どもたちの場合、周囲の人々への配慮から、ふざけて騒ぐことはもちろん、話し声の大きさにも気をつかわなければなりませんでした。周囲の人々を気にしながら、幼児が泣き声をあげることさえも抑制させなければいけませんでした。プライバシーがない生活の中で、子どもたちは極度のストレスにさらされていたのです。

震災への消えることのない恐怖と思い切り遊ぶことができない不自由な暮らし、そして極度のストレスを感じる被災生活の中で、被災地の子どもたちの心身は蝕まれていったのです。

いまこそ児童文化の力を

大災害の中で極度のストレスを感じている子どもにさまざまなケアが必要であることは、阪神・淡路大震災などの経験から知られていました。今回の震災後も、スクールカウンセラーや小児科医、ホスピタルプレイスペシャリスト、読み聞かせの団体、児童演劇の団体をはじめとして、さまざま団体がただちに支援とケアのために現地に入っています。

住民が避難した仙台市若林区の七郷小学校では、いち早く校舎の一角に「こどもひろば」が開設されました。津波の傷跡がまだ生々しい一六日のことです。「こどもひろば」は、国際支援NGOセーブ・ザ・チルドレン・ジャパンが、紙と色鉛筆を用意して子どもたちに開放した「遊び場」です。この「遊び場」で、津波の恐ろしさを経験した子どもたちの多くは、海や波の絵を描くことが多かったといいます。澱《おり》のように心に溜まっていた想像を絶する恐怖は、描くという通り道ができることで心から流れ出すことができます。子どもたちは、描くことを通して現実と向き合いながら、恐怖を心から流し去ろうとしていたのです。

絵を描くこと以外に、作文や詩などを書くことでも恐怖を心から流し去ることができます。筆者の子どもも、震災発生後しばらくの間は絵を描いたり粘土遊びをしたりすることを無心に繰り返していました。ところが、震災から二週間ほど経って家の中の片づけが終わって元の生活を取り戻し始めた三月二三日、突如「むらびととまごとじいじとみんなはだいじょうぶだよ。みんなこはるのおうちにひなんしてきなよ。(村人と孫とじいじとみんなは大丈夫だよ。みんな小春のお家に避難してきなよ)」から始まるような、自作の物語をノートに書くようになりました。心象風景を物語として表白し始めたのです。

絵を描いたり歌を歌ったり、思い切り遊んだりする活動は、児童文化活動と呼ばれています。児童文化活動とは、周囲の事物・生命・環境と子どもの生命が相互交渉する過程とその結果を意味します。こうした児童文化活動が、ＰＴＳＤから子どもたちを回復させることが知られています。絵を描いたり詩や作文を書いたりすることで、子どもの生命は周囲の環境や出来事と相互交渉し、現実と向き合うことを繰り返した結果、心に澱のように溜まっていた恐怖や不安を、表現と共に排出することができるようになるのです。

また、その過程では、「主体的」に行動を選択することと、「没頭」することが重要となります。さまざまな行動を制限される極限の緊張状態は、子どもから行動を主体的に選択する意志を奪ってしまいます。散乱物のために座る場所の移動もままならず、食べたい物や飲みたい水も口にできず、外を走り回ることも許されない生活は、子どもにとってまさに主体的意志に基づいて行動を選択することを許されない極限の緊張状態です。

極度の緊張状態を強いられて主体的意志に基づく行動を奪われることが続いたとき、人は、その状態を脱して主体的意志を取り戻すことを無意識に要請するようになります。

社会のルールを遵守させられたり、組織の一員として行動させられるといった行動を私たちはさまざまな形で強いられています。その中で、主体的意志によって行動を選択する力はしだいに削がれていきます。その一方で、強制された行為から逸脱した行為に没頭することで、主体的意志によって行動を選択する力を獲得・回復することを常に求めています。

強制された行為としてではなく、自らの意志でさまざまな児童文化活動を選択することは、子どもにとって「〜のため」に行う行為から脱して主体的意志で行動を選択することを獲得・回復する行為でもあります。

そこでは「没頭する」ことも重要です。絵を描いたり歌を歌ったり、遊んだり走り回ったり、追いかけたり、蹴ったり投げたりといったことを行っている子どもたちを見ていると、まさに無心になって没頭していることがわかります。その瞬間、子どもたちはボールを蹴ったり、友だちを追いかけたり、紙に色を塗ったりすることに夢中になり、それ以外のことは脳裏から消し去っているのです。何かに無心に没頭する時間が続くことは、子どもたちを苦しめている恐怖の思い出を忘れ去る時間が持続することを意味します。そうした何かに没頭する時間が繰り返される中で、次第に子どもたちの心に澱《よど》んでいた恐怖は薄められていくのです。

外遊びができない極限の状況の中でも、子どもたちは粘土遊びや折り紙、あやとり、手遊びなど、わずかな空間と道具でできる遊びに夢中になっていました。震災下の極限状態におかれた子どもたちの心が、無意識に児童文化活動に没頭することを求めていたのです。

児童文化活動が持つ力を信じながら、これからの支援に積極的に活かしていくことが求められているのではないでしょうか。

つながっていることとあてにされること

震災後の生活で、子どもとのつながりを筆者自身が強く実感できる瞬間がありました。それは、停電の暗闇の中で子どもにお話を語っていた瞬間です。お互いの姿を覆い隠す漆黒の闇の中で、お互いの息づかいと体温のぬくもりだけを感じ取るお話は、明るい中で行うよりもはるかにつながりを感じることができました。つながっているという感覚が、震災後の不安定な子どもの心にどれほどの慰安をもたらしてくれたか計り知れません。

子どもは、大人からあてにされることも強く求めていました。極限状態の中で、大人たちも子どもの力をあてにせざるを得ないことが増えていました。あてにされる中で、子どもたちの目は輝いていました。

子どもたちは、自分にできることを積極的に探してもいました。校門前で募金活動を行う世田谷区の小学校六年生や、避難所に暮らす人々を元気づけるために壁新聞を作る福島県飯坂町、岩手県大槌町、宮城県気仙沼市の小学生など、自らにできることを積極的に果たそうとする子どもたちのようすが多数報告されています。子どもたちは、あてにされることと自分が果たすべき役割を見つけることで、自分の存在意義と人とのつながりを確認しながら、生きているという実感を感じ取ろうとしていたのではないでしょうか。

一〇〇〇年に一度と言われる大震災が心に刻み込んだ深い傷を消し去るまで、子どもたちは長い困苦の道のりをこれからも歩き続けていかなければならないでしょう。しかし、児童文化活動に没頭し、人とのつながりを感じ、そして、あてにされる喜びを感じた子どもたちの心は、長い時間の中で必ずや回復に向かっていくことでしょう。

児童文化活動が持つ底力を信じ、子どもたちの生きる力を信じ、そして子どもたちに復興の希望と願いを託しながら、私たちもまた、子どもたちと共に復興のための長い道のりを歩んでいかなければならないのです。

Ⅲ 「自己表現」する子どもたち

1　紙芝居がつくった子どもたちのコミュニティ

金谷邦彦
紙芝居師

紙芝居を使って子どもたちのコミュニティを作ろう

二〇〇六年三月、二二年間務めた小学校職員を退職して街へ出てみると、外で遊んでいる子どもがあまりにも少ないのに驚きました。そして昔あった、子どもたちのコミュニティのようなものが、今の子どもたちの中に育っていないのが気にかかりました。

私の育った昭和二〇年代は、それぞれの地域に、年齢を越えてつながった子どもたちのコミュニティがありました。このコミュニティは、大人では伝えることの出来ない、子ども同士の触れ合いの中から学びあう、子どもの成長にとって欠かせない重要なものだと私は考えます。今の子どもたちは社会環境の変化などで、昔のように年齢を越えたつながりが持てなくなっています。そこで、この子どもたちのコミュニティを、子どもたちが、自らの力で作り出せるように、いま、子どもたちが街に出てくる環境を作り出していくことが必要だと思いました。

私が自らの仕事、「紙芝居」を通して何が出来るのかを考えてみました。それはまず、私の所属している下町の小さな商店街の中に、子どもたちが集まれる「場」をつくりだすことから始めようと地元商店街に提案してみました。商店街の空きスペースを活用させてもらって、子どもたちが気軽に集まれる「紙芝居お稽古所」のような「場」を作り、紙芝居に興味を持った子どもには、一つの課題として商店街の人たちからの「聞きとり紙芝居」を制作してもらい、それを商店街で子どもたちが発表していきます。課題の「聞きとり紙芝居」を作るために子どもたちが街を飛び回ります。

この小さな試みは、やっと二〇一二年の夏、下町亀戸の商店街の一角から、商店街や、街の人々の協力によって始まります。

被災地の子どもたちとの出会い

二〇一一年、震災発生からひと月半程した四月の下旬、私はあの宮城県石巻市の瓦礫の山と化した、南浜町の沿岸部にたたずんでいました。この風景に身をさらしていると、まさに、戦に明け暮れた人間の歴史の「原風景」を見せられている様な気がしました。紙芝居も終戦直後、このような風景の中から立ち上がってきました。東京の焼け跡では、毎日四〇万人以上もの子どもたちが紙芝居に群がっていました。

東京で震災に遭遇したわたしは、被災地の子どもたちの事が気にかかり、何が出来るのか、とにかく現地に身を置いて考えてみようと、レンタカーに紙芝居と寝袋を積み込んで、被害の一番大きかった宮城県石巻市へと向かいました。とにかく紙芝居を見てもらおうと、最初に向かった避難所は石巻中学校の体育館でした。まずこの体育館の倉庫で紙芝居を始めて、最初に出会った被災地の子どもから洗礼を受けました。

小学校四年生ぐらいの男の子が、長い棒を振り回して、私がセリフを言うたびに紙芝居を突っつきに来ます。しまいには走り回って紙芝居に体当たりをしてきます。怒ると悪態をついてどこかへ消えてしまいました。何となくその子のことが気にかかり、そのあと、隣の門脇中学校での紙芝居口演を終え、この辺にいればまたあの子に会えるだろうと思い、その付近に車を止めて寝ることにしました。翌朝、なんと、その子がポケットに手を突っ込んで石を蹴りながら車の横を通りかかりました。水飴を見せると寄って来たので、一緒に飴をなめながら話をしてみると、この子は、津波で家を流され、お母さんと二人で避難所に来ていました。お父さんは地震の前の日に、お金の事でお母さんと喧嘩して家を出てしまい、その安否すらもわからない状況です。この話を聞くと、昨日の、この子の行動の意味が分かります。被災地の方たちが様々な事情を抱えながらあの大震災に遭遇したことを、今一度心に留めおくことを、この子が教えてくれました。

次の避難所へ向かう準備をしていると、車の横をクラブ活動の早朝練習を終えた、門脇中学校二年生女子バレー部の生徒八名が通りかかりました。声をかけてしばらく話をしていると、車の中の紙芝居を見つけて興味を持ったようなので、「紙芝居、描ける?」と問いかけてみると、皆一斉に「描けますよ！」と言うので、ちょうど持ち合わせていた紙芝居用紙一二枚を渡して、「明日の夕方六時頃ここを通るから、もしできたら持ってきて、東京の子にメッセージでもあったら書いてみて。できなかったら持って来なくていいからね。」と言って別れました。八人のうち四人が津波で住居を失っていました。そのように過酷な状況下、道端で偶然出会った初対面のおじさんに、紙芝居なんか書いて持って来ること自体考えられないことなので期待せず、次の避難所へ向かいました。

二人の兄弟が作った三枚の紙芝居

到着した青葉中学避難所は、校舎内の口演になりました。四〇名ほどの子どもとお年寄りが集まり、何とか楽しんでもらえました。終わって後片付けをしていると、どこからか六年生の男の子が一人やって来て手伝ってくれます。終わってもこの子が何か離れがたいようすなので、「ここに紙とクレヨンあるから何か描いてみる。」と声をかけると、自分は絵は苦手だから、文を書くので、絵が上手い弟を呼んで来ますと言って、小学校二年生の弟を連れて来ました。弟は来るが早いか避難所入り口に置いてあった机にまたがり、ほとんど口も利かずにどんどん描き始めます。兄は一枚書き上がるごとに絵を見つめ、文字を書き入れていきます。私は横でただ黙って兄弟二人の様子を見ているだけでした。

一枚目、弟の描いた津波の赤い怪獣の絵に「ぼくのお母さんはつなみで死んでしまいました。

けどぼくはこれからもがんばります。…」、二枚目、陸からの守り神、青い怪獣の絵に「つなみのバカヤロー」、三枚目は兄には渡さず、弟が自分で文章を書きました。この時まだ母の死を受け入れていなかった弟は、母の死を別人の死に置き換えて描きました。この「三枚の紙芝居」には、この兄弟の津波に対する怒りと母を失った悲しみが、これ以上の表現はないと思われるぐらい、よく描きだされています。子どもたちから寄せられた作品すべては、一〇年経ったら、子どもたちに返す約束をしてきました。

被災地に生まれた子どもたちのコミュニティ

次の日、鹿妻小学校での口演を終えて、昨日約束した門脇中バレー部の生徒たちと会うために、待ち合わせ場所まで行ってみました。来なくて当然と思いながらも、念のためとあたりを一回りして車の方に戻ると、びっくり、なんと昨日の中学生二人と、小学四年生と中学一年生の避難所の仲間たち五人が代表で、一二人分二六枚の作品を手に持って待っていてくれたのです。一二枚の「紙芝居」から「絵つきメッセージ」「カード」「手紙」などもありました。同じ避難所の三歳の保育園児から中学二年生までが協力して作り出されました。どの作品もわずか一日でこれほどまでに丁寧に仕上げてあることにも感動しました。素晴らしい笑顔で何気なく手渡されたそれらの作品は、数カ月後避難所のご家族の方達から伺いましたが、明日、紙芝居のおじさんが通るからと、私に渡すために、皆で避難所の調理室に集まって夜遅くまでか

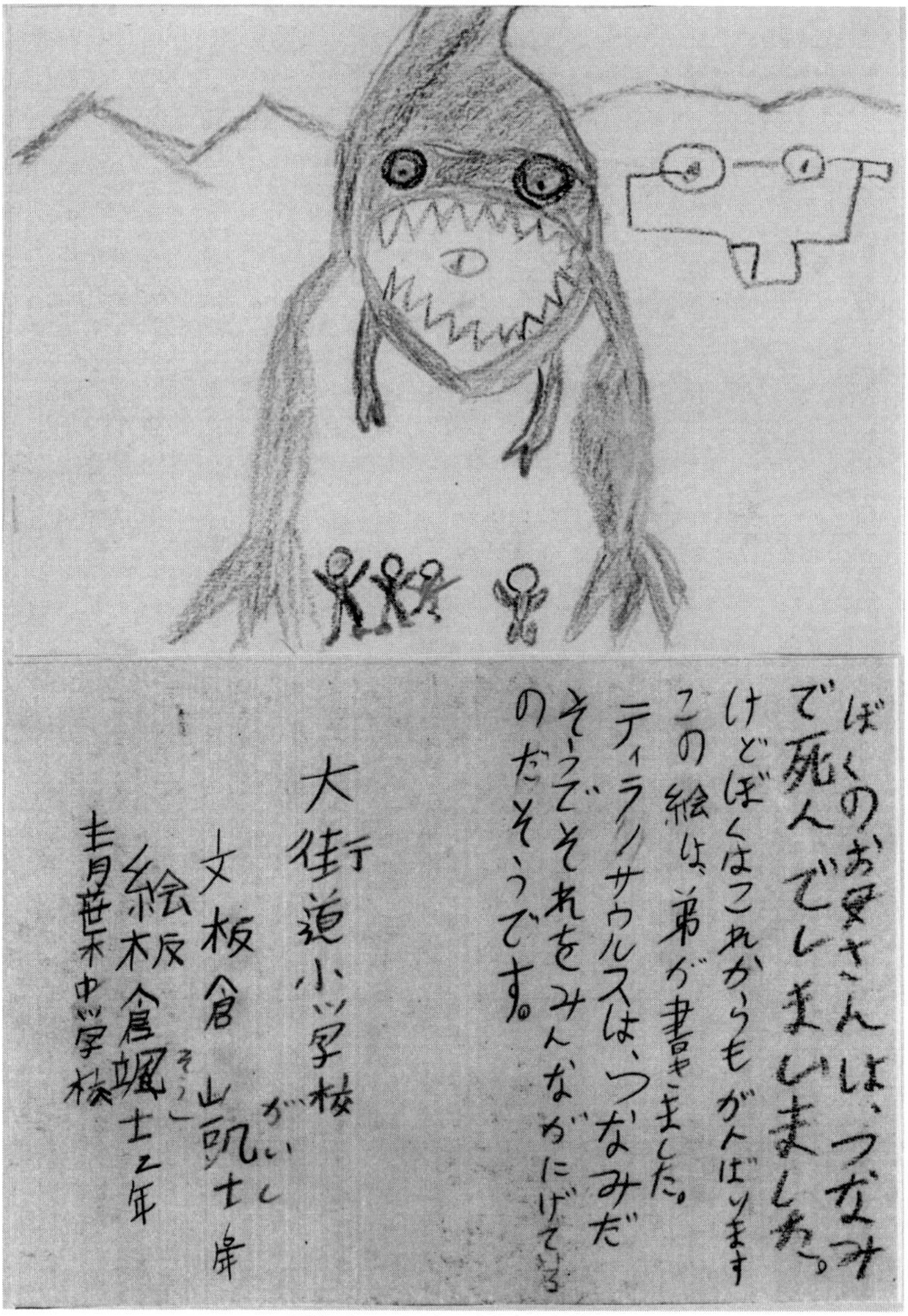

避難所で、子どもが作った紙芝居

かって作りあげたのだそうです。

このとき被災地石巻をまわった五日間で、五〇枚からなる九作品が寄せられました。これらすべてが「紙芝居」と呼べる作品になっています。ただ用紙と筆記用具を渡しただけで、何の指図もなしに、その出会いを大切にした被災地の子どもたちの心の中から生まれた作品です。

このように避難所の中には子どもたちのコミュニティができていたのです。東京であれだけ苦労し作り出そうとしている子どもたちのコミュニティが、避難所の中にできあがっていたのです。この時被災地のあちこちで、気仙沼小のファイト新聞のような、子どもたちのコミュニティが誕生していました。

その後、ひと月おきに被災地を訪ねてみると、避難所が解散して学校が正常化してくると、このコミュニティは消えていきます。

このことを我々は重く受け止めなければいけないのでしょう。

二〇一二年の二月、この門脇中避難所にいた一一名の小中学生が作って私に寄せられた「紙芝居」が、法務省の仙台でのシンポジウムで取り上げられ、私もみんなと一緒に、石巻市立門脇中学校に集まり、楽しく稽古して一緒に出演することができました。

2 声を出すことで希望を紡ぐ

白木次男
南相馬市立石神第一小学校教諭

率直な表現が仲間をつなげる

「二年ぶりにあえて、やすみ時間いっしょに遊べるかしんぱいしてしまった」

五年 山田 智

ぼくは、おもったいじょうにすんなり入れました。休み時間やお昼休みもいろんな人と遊んでいます。けいどろとかおにごっことかふやしおにをしています。

異動して三年ぶりに学級担任になりました。五年生二二人。さっそく一枚文集を発行し、第一号に智君が書いてくれた日記を載せました。智君は原発事故により、二年生だった三月に福島県北西部に避難し、五年生になった今、二年ぶりに戻ってきたのでした。避難先で、転校した学校で、智君はどんな思いでくらしていたのでしょうか。強い望郷の念にかられることもあったことでしょう。戻った学校で、二年生だった頃のようにみんなと仲良くやれるかと不安がったのですが、「おもったいじょうにすんなり入れました」と書いていました。この一文には、これら智君のすべてが言い表されています。よかった。そう思いました。そうしたら、なんてうれしいことでしょう。小学校に入学して、初めて智君と友だちになったという文也君がこんな日記を書いていました。

「五年生になって友達が帰ってきた」

五年　斎藤　文也

五年生になったら友達が三人帰ってきました。中には、智君という、一年生の時初めて友達になった親友がいました。すぐに智君と話しました。でも、本間君ともすごく仲が良いので、どっちと話せばいいのか分からなくなり、頭がくるいました。でも、両方と話すという手があるので二人と話してよかったなと思いました。

みんなで読み合ったとき、文也君の「頭がくるいました」の一文に教室がどっとわきました。戻ってきた学校、学級にすんなり入れるかどうかと不安がった仲間を友だちが気遣います。ここでは気遣ったわけではないのですが、子どもの率直な表現が仲間をつなげ、温かな関係を紡いでいきます。この、人と人とが関わり合う温かさ。苦悩も希望も共に分かち合っていくことが、この先に希望を紡いでいく、きっとその力になると思います。

復興から置き去りにされる子どもたち

二〇一三年四月八日。一四、一五年ぶりでしょうか、入学式に桜が満開になるのは。いくらか肌寒い、しかし快晴のもと、入学式には桜が満開でした。異常気象でもあるこの日、東京電力福島第一原子力発電所は、汚染水冷却不能の異常事態に陥っていました。ずさんな管理、木で鼻をくくったような対応は、大震災が起きた三・一一当時となんら変わりありません。またしてもネズミの仕業にしてしまいました。この間にも、地域の復旧・復興は遠のいていき、地域住民、なかでも子どもたちが置き去りにされていきます。

今年度の新入生はわずか七名。私の学級に戻ってきた子は三人。他の学級も一人、二人とぽつぽつと戻ってきました。けれど、震災前二二〇人程だった児童数は、あの日から二年経ってもわずか八八人。ほぼ六割の子どもたちは未だに戻って来られないでいます。低学年ほど児童数が少ないのです。山手から除染作業が進められていますが、仮置き場が決まらない地区では、手つかずのままで放置されています。

親の声を聞き、子どもの声に耳を傾けながら

四月中旬から家庭訪問がありました。前述した智君のお母さんが、避難当時のことを思い出

し、涙ながらに語って下さいました。智君は、父親と離れて暮らさなければならなくなったこと。父親不在なうえ、不慣れな地でがまんしてがまんしてくらし、ストレスがたまっていったこと。避難先の学校で温かく迎えてもらったようでしたが、それでも家庭離散の不安、悲しみに打ちひしがれそうだったと語ってくださいました。そして、やっと帰ってきて、みんなと元のように出会えてよかったとも。

郁さんや未来さんは、それぞれ仮設住宅、借り上げ住宅に身を寄せています。彼女ら山手の地区の一部は、放射線が年間二〇ミリシーベルトを超える「特定避難勧奨地点」に指定されており、乳児や妊婦、子どもは住めません。また、ここは、全村避難した飯舘からわずか三〇キロメートルしか離れていません。「もう年だし放射線なんてかんけぇねぇがら」といっている祖父母と別居生活を送っていると、おじいちゃんっ子の郁さんに教えられました。未来さんの家は造園業を営んできましたが、おじいさんは、「放射線の影響は大きかった。元に戻すまでまだ時間がかかる」と話されていました。除染はしたものの、「半年ぐらいでまた元に戻ってしまう」という不安の声も耳にします。南相馬市では放射線の影響で雇用の問題も前に進んでいません。

梨の白い花が咲いていたいつみさんの家。近くには桃のピンクの花も咲いていました。春らんまん。農村地区のこの地域。里山がもえぎ色に変わっていくこの季節、いつみさんのおじいさんは花粉付けの準備をしていました。昨年、梨の全品検査をおこない、放射線は検出されなかったといいますが、この二年間にどれほどの苦労があったことでしょう。いつみさんもこの五月の連休には花粉付けの手伝いをするといっていました。こんな話を耳にするたび、子どもたちとこの地域を歩き、地域の方々の声を聞きながら、地域をどう興していくのかを学んでいかなければならないと思います。

子どもにより添って歩む

充君は、津波で母親と祖母、いとこが流されてしまいました。そのため、お父さんが男手一つで二人の子どもを養育しています。このお父さんからは、前年に「特別支援学級への入級を勧められた充のことが一番の気がかりだ」と告げられました。充君は、確かに行動は少し遅れます。けれど、待ちさえすればできます。ノートにきれいな字は書けません。けれど、彼なりの理解の方法で算数も国語もできます。私の学級にいてほしいと伝えました。苦労なんかではありません。こんな子は今までだっていくらでもいたではありませんか。それよりも何よりも、母親、祖母、いとこをなくした充君に心を寄せ、力になりたいと思います。

帰り際、お父さんが、「私も充も二年経ってやっと母親の死について語ることができるようになった」と話して下さいました。「寂しい、悲しい」と、充君が率直に自分の気持ちを語れるように、私も父親と共に励ましていきたいと思います。五月の連休後半。その前日、明日から祖母と父親、兄と四人連れだって家族旅行に行くといっていました。

「先生には必ずおみやげを買ってくるからね」いつものように、帰りの支度に遅れた充君が、私に手を振って教室を出て行きました。目の前の子どもが発することばを丁寧に聴き取り、寄り添っていきたいと思います。

子どもと共に学んでいきたい

家庭訪問が終わり、いよいよ運動会の練習が始まります。今年度も、放射線を気にしての運動会ですが、校庭の表土がはぎ取られ、空間線量は毎時〇・一二五～〇・一八マイクロシーベルト程度に落ち着いています。それでも午後の早くには運動会を終わらせます。子どもたちの歓声が、父母の応援の声が聞こえるようです。一日中思う存分運動会をやらせてあげたいと思います。放射線に引き裂かれた日常を早く元に取り戻したいと思います。

この震災、原発被害によって社会や教育の矛盾があらわになりました。それは競争や管理、格差が蔓延する社会であり、教育にも「知識基盤社会に生き抜くため」という学力至上主義がまかりとおる社会です。その上、尊いいのちを失い、ふるさとをも追われ、深い痛手を負ってしまった子どもたちさえも、当てのない競争に駆り立てようとしています。子どもたちが望んでいることとはかけ離れた方向に舵を切っているではありませんか。まだ二年を少し経たばかりなのに。

だからこそ、子どもたちの声に丁寧に耳を傾け、この先を自ら選び取っていけるように、どう生きることがより人間らしく生きることなのか、子どもたちとともに学んでいきたいと思います。今がまさにこの分岐点だと思っています。

3　ミュージカルで元気をとり戻す

ありがとうを言いに行こうプロジェクト

前谷ヤイ子

前代未聞のミュージカル上演

東日本大震災から一年が経った二〇一二年三月一八日、宮城県石巻地方に住む三歳から八三歳の一〇〇人を超える被災者が、東京・銀座の舞台に立ちました。あの大津波で大きな被害を受けた私たちの実体験を台本に仕立て、被災者本人が語り、歌い、踊るという前代未聞のミュージカルが上演されたのです。練習期間は二〇一一年一一月から四ヵ月余りに及びました。

このミュージカル上演の大きな目的は「世界中・日本中の被災地への支援に感謝」し、東京へ直接お礼を言いに行こうということでした。しかし私にはもうひとつの目的がありました。それは、歌や踊りによって私たち自身の元気を取り戻したいという強い思いでした。

避難所で過ごした数か月、たくさんの人たちが私たちを物心両面で助けてくださいました。そのなかには音楽もありました。音楽には人の心を癒す力があります。歌ったり踊ったりすることが避難生活で疲れきった心を癒してくれるに違いないと私は考えました。

公演が終わったあと、事実そういう声が参加した方々から聞こえてきました。学校に行けなかった娘が登校するようになり、震災前のように元気になった……。震災後夜泣きをしていた子がピタっと泣かなくなった……。

このとりくみは内外のメディアに注目され何度も取り上げられました。

ここではこのとりくみが、被災者とりわけ半分以上を占めた子どもたちにどんな影響を与えたのか、被災地にどんな意味があったのかを報告したいと思います。

ミュージカルをとりくんだいきさつ

私の家は宮城県東松島市の野蒜地区にありました。仙台市からは車で約一時間、名勝松島から一〇キロほど北の奥松島と呼ばれる自然の豊かな場所です。一七年ほど前ここに移り住みました。海のすぐそばです。でも普段は海を意識して暮らしていませんでした。

しかし津波は一瞬にして野蒜地区を呑み込み、五〇〇〇人足らずの住民のうち五〇〇人の方々が犠牲になりました。

私の家族は生き残りましたが、亡くなった知人の顔が毎晩目に浮かびました。彼らの無念さを思い津波を憎みました。被災した自宅二階で数か月の避難生活はガレキやヘドロに囲まれ、私は喪失態に襲われ心が鬱屈していきました。そんな時私の支えになったのは友人の励まし、世界中からの支援・ボランティア・消防団・警察・自衛隊の方々の姿でした。気遣いのことばが嬉しかった。送ってくださった物資がありがたかった。泥かきやガレキの片付けがありがたかった。私には「ありがとう」と頭を下げることしかできませんでした。

でも何かお返しをしたい。

この思いを東京の友人で音楽家の寺本建雄さんに話したところ「それなら東京でミュージカルを上演して直接お礼を言えばいい」と言われ、それだ!と思いました。寺本さんは三〇年以上舞台芸術に関わってきた方で、今回のミュージカルの台本を書き、作曲・演出をしてくれました。

七月に仮設住宅に入居すると、私は本格的に出演者募集をスタートしました。一〇〇人を目標に友人のいる避難所、仮設住宅を必死に歩きました。テレビ局、新聞社にも取材をお願いして回りました。「こんな震災の時にミュージカルやってる場合じゃないだろう!」「そんなことできるわけない!」という声もありました。でも何か目標をもって動いていないと私自身がおかしくなりそうでしたし、何があっても成功させるつもりでした。夏のイベントで歌を歌ってアピールしたり、仮設住宅の集会所で八五人を集めてミニコンサートもしました。その甲斐があって、一〇月の末には一二〇人以上の参加者が集まっていました。

こうして「ありがとうを言いに行こうプロジェクト」が動き始めました。

どんな人たちが参加していたのか

参加者は石巻市、東松島市、女川町などから来ていました。聞いてみると津波で家が流されて気仙沼から石巻に移った、東松島市に家があったが今は仙台に住んでいるとか、仮設住宅にいる方もいました。内訳は小学生が三二人、中高生二三人、大人が五七人、そのうち親子や夫婦が二九組、なかには家族六人全員で参加した親子もいました。私たちが震災でどんな体験をしたのか、台本から一部紹介したいと思います。

・小学三年生女子Hさん「家族四人で家にいました。家は海から二キロ以上あるので、津波が来るぞって聞いても人ごとのようでした。外を見たら二〇〇メートルぐらい先に津波が見えました。みんなで二階に上がりました。水がどんどん上がって来ましたが、なんとか一階の天井で止まりました。真っ暗い中大きな物が私の家にぶつかる者、車のクラクションが鳴り続け、とてもこわかったです」

・小学六年生女子Nさん「小学校が避難所になっているのでそこの体育館にも津波が入ってきて体育館が洗濯機のようにグルグル人が浮かんで回りました。私も回りました。ギャラリーまで水が来て私は運良くギャラリーの人に引き上げられ助かりました」

・高校一年生男子Nさん「卒業式が終わって、家でパソコンでチャットしてました。あわてて山に逃げました。津波が見えました。自分の家も見えました。自分の家に火のついた家が流れてぶつかり、ぼくの家も燃えてしまいました」

これはほんの一部です。ほとんどがすさまじい体験をし生活環境が激変するなかで、大人も子どもも大きなストレスを抱えていました。なかには震災後不登校だった子どもを心配したお母さんが児童相談所に相談し、親子で参加した方もいました。

四ヵ月の練習と子どもたちの変化

練習が始まってから本番までを、震災当時小学三年生だったユキちゃん(仮名)という女の子のようすを通して追っていきましょう。

ユキちゃんは津波被害の大きかった石巻の湊に住んでいました。津波で自宅が全壊、通っていた湊小学校もだめになり、二〇キロほど離れた桃生町へ引越しました。転校してほどなく朝になると嘔吐・頭痛などを訴えるようになり「学校に行きたくない」と強く抵抗するようになりました。お母さんは児童相談所に相談し学校を休ませることにしました。そんな時このミュージカルの話を友人から聞いたのです。学校にいけるきっかけになるかもしれないと一緒に参加することにしたのです。

二〇一一年一一月五日(土)、初めての練習が行われたとき(毎週土曜日が練習日)、子ども

ミュージカルの舞台で歌う子どもたち

たちはとても静かでした。小さい子はお母さんにくっついて離れず、辺りのようすをうかがっています。大人も子どもも顔見知りの人がいなくて緊張していました。

ユキちゃんはミュージカルには乗り気ではなかったのです。お母さんの熱意に負けて練習に来ていましたが、学校と同様に「行きたくない」と嘔吐が続いていました。練習もあまりやる気がありませんでした。

しかし歌や踊りの練習の回を重ねるうちに、小学生たちは互いに友だちになり、高校生に遊んでもらったりするようになりました。つられて大人も顔見知りから仲間になっていきました。休憩時間に話し声や笑い声が聞こえるようになり、子どもたちが走り回るようになりました。だんだん友だちに会うのが楽しみ、土曜日の練習が楽しみという声も聞こえてきました。ミュージカルナンバーの歌詞の通りでした。

ぼくが歌えばきみも歌うさ
まわりもつられる地球だって歌い出すさ

一二月に入った頃からユキちゃんのようすが変わってきました。あるとき、まわりの出演者が「自分とおんなじだ」とわかり「お母さんここの人たちはみんな一緒だね」「私よりたいへんな人がいる、あの人旦那さんが死んだんだって」「あの子の家流れたんだって」とお母さんに話すようになり、それから練習も積極的にがんばるようになったのだそうです。

年明けに台本が完成しました。それがいっそう出演者がひとつになるきっかけとなりました。台本のはじめの部分は衝撃的でした。旦那さんを亡くした話、自分の本が流された話、一週間も飲まず食わずだった親子の話、読みあわせをすると泣いてしまう人が続出しました。でも台本は辛い体験を涙ながらに訴えるのが目的ではありません。ナンバーは、

＊少し無理して歩いてみるさ
＊この町の土になる
＊津波にもまげねえ、まげねえぞうのうた
＊支援に感謝するありがとうのうた

など一〇数曲。辛くてくやしいけど私たちは元気に生きているよと、高らかに歌い上げるものでした。この日からみんなの眼の色が変わっていきました。

セリフが覚えられない人、踊りが苦手な人のために子ども同士が教え合ったり、高校生が大人にダンスの指導をする姿が体育館のあちこちで見られるようになるにつれ「このミュージカルが終わってしまうのが寂しい」と言い出す人が何人も出てきました。こうして東京公演を成功させるという目標に向かって全員がひとつになっていったのです。

ユキちゃんは練習が本格的になるにつれてさらに積極的になり、自分から行動するようになりました。そして本番では、最初の舞台挨拶を他の五人と一緒に堂々とやり、歌や踊りも笑顔で精一杯やりきりました。ユキちゃんは今五年生です。放送部に入り、毎日元気に学校へ通っています。

ミュージカル「とびだす一〇〇通りのありがとう」東京公演は大成功でした。小さな子どもから大人まで堂々と舞台に立ち、思い切り歌って踊りました。

ミュージカル「とびだす 100 通りのありがとう」

ミュージカルは被災地にとってどんな意味があったのか

子どもたちと大人たちが元気に生きていくには音楽などの文化も大事です。それ以上に世代を超えた人のつながりがとても大事だとこのとりくみを通じて改めて感じました。今すぐそれをつくっていかなければこの地域は風化してしまう、そんな危機感を覚えています。

被災地では人のつながりをかろうじて保っていた沿岸部の地域がなくなってしまいました。私の家のあった野蒜地区ももう元の姿に戻すのはむずかしいでしょう。私たちは新しいコミュニティをそれぞれの場所で作っていく他は道がないのです。

ミュージカルがやったことは小さなことです。でも一一二人の心に刻まれました。この一一二人から、また新しいつながり生まれたらとても素敵なことですし、そうなって欲しいと願っています。

4 高校生たちは舞台芸術家

菅野直子
劇作家・演出家

フェニックス・プロジェクトの立ち上げの経緯と目的

日本演出者協会では、二〇一二年三月一〇日、一一日の二日間に渡り、東京・笹塚の民間劇場・笹塚ファクトリーで、フェニックス・プロジェクト（東日本大震災被災地の舞台芸術家支援事業）vol. 4として高校生の演劇作品を集めた「三・一一から未来へ　福島、東京の高校生のメッセージ」を上演し、二日間でのべ四〇〇人を超える方々にご来場いただきました。

高校生の演劇作品を上演する企画は、日本演出者協会でも初めての試みでしたが、演劇関係者、高校演劇関係者だけでなく、一般の方々にも大きな反響がありました。「ラジオで聞いて、高校生の作品を見てみたいと思って来ました」「震災から一年、三・一一を高校生の作品を見ながら一緒に考えたいと思って来ました」など、「震災、未来、こども」というキーワードに呼応する形で、さまざまな方々が劇場に足を運んでくださいました。

日本演出者協会は全国に六百人を越える会員を持つ演出家の集まりです。震災直後、協会では、今被災地で何が必要とされているか、私たちに何ができるかを議論し、震災から約一ヵ月後の二〇一一年四月、正式に被災地の舞台芸術家の方々の支援事業＝フェニックス・プロジェクトを立ち上げ、その最初のスタートとして、六月、七月、八月と三ヵ月連続のチャリティーイベントを企画しました。企画のメインとして「被災地のアーティスト・トーク」を据えました。発表された作品は約七〇作品、のべ六〇〇〇人の方にご来場いただきました。

高校生との出会いと、震災以降子どもたちがつくった舞台作品の存在

会場である笹塚ファクトリーさんに相馬高校の放送部の皆さんが作った短いビデオ作品が届いたのは二〇一一年の七月。震災当日の揺れる教室や、マスクをして登校し、授業を受ける生徒の様子を、高校生が自分たちで撮影し、編集した作品でした。

劇場の方から「これを少しでも皆さんに見てもらう時間を設けることはできないか？」と相談があり、アーティスト・トークの合間の時間にこのビデオを流すことにしました。自らおかれた現状を告発するこの映像に、集った方やパネラーからも、子どもの未来に触れる発言、反応が多くありました。この出来事は、当初、被災地の舞台芸術家に焦点をあてて、企画を組んできた私たちが、同じ被災地に生きる高校生の存在と、彼ら自身が発信するメッセージ、作品に目を向ける直接的なきっかけになる出来事でした。

私たちは、「震災以降、高校生がつくった震災をキーワードにした演劇作品」をラインナップしました。上演した作品は三作品でしたが、企画会議では、同じように高校生がつくった演劇作品がいくつか紹介されました。それは私たちの予想を超える数でした。

個人的な話になりますが、二〇一一年の夏から秋にかけて、被災地の小学校で演劇の授業をもつ機会がありました。私が担当したクラスでは、子どもたちが、被災した町の人たちを取材し、担任の先生と一緒に台本をおこして、創作劇として学習発表会で発表しました。発表された作品は、地元の人たちの痛みや葛藤にていねいに向き合ったドキュメント作品でした。

私たちが「舞台芸術家」と呼んできたのは、職業的なあるいは専門的な関わり方で、舞台作品を創っている人のことをさしていました。しかし、震災以降作られた舞台作品というキーワードで、舞台芸術を見わたしてみると、高校演劇や学習発表会など私たちが認識していないところで、子どもたちによって作られた作品が存在しています。こうした彼らの当事者としての表現との出会いを通じて、私たちはあらためて、彼らを「自立した一人の表現者」としてとらえる視点をもつことが大切だと痛感しました。

等身大の彼らの今を描いた高校生の三作品

vol. 4で発表された作品は、福島県相馬市、相馬高校『今伝えたいこと（仮）』、福島県郡山市のあさか開成高校の『この青空は、ほんとの空ってことでいいですか?』、東京都新宿区の新宿高校の『ひたすら、国道六号線。』。いずれも、震災以降、演劇部のメンバーが書き下ろし、演出した作品です。

相馬高校のメンバーは、女子五人。楽屋でもリハーサルでも、明るくハイテンションなトークとチームワークでわいわいと過ごしていましたが、彼女達が描いた作品の中には、原発後も彼女たちと同じように元気に明るく振る舞う女子高生が、ある日突然、自殺するというエピソードが折り込まれていました。自殺した女の子は原発の警戒区域に家があり、自宅が津波に流されたあと、親戚の家に身を寄せて登校していましたが、ネットでの被災者いじめの書き込みや、自ら置かれた状況を周りに打ち明けることができず、「死」を選択します。残されたクラスメートは彼女の死後、改めて放射能におびえて暮らす自分たちの生活と未来について語ります。放射能のことで差別されないの？ 結婚はできるの？ 産んだ子どもに障害はないの？ 劇中の終わりに、相馬市で亡くなった人の数を表すたくさんのヒトガタ（人形）が描かれたパネルがホリゾント（背景幕）に浮かび、彼女たちは原発事故で一変した自分たちの生活の現状と、自分たちの想いをぶつけます。「ねえ、誰か助けてよ」という台詞で締めくくられた彼女たちの作品は、彼女たちなりの方法で、原発で孤立した町に生きる同世代の若者たちの痛みと、同じ町に生きる人々の声なき声をすくいあげた作品でした。

あさか開成高校の『この青空は、ほんとの空ってことでいいですか？』は、演劇部を舞台にしています。自分たちの日常をもとにしたエチュード（即興劇）を繰り返し、震災後、転校してきた同級生、転校して行った同級生への取材をし、それを再構成する形で、戯曲に仕上げました。放射能をネタにした自虐的な笑いが随所に書き込まれた彼らの日常と、そのような中でも青春を素直に謳歌しようとする日々、現状を笑い飛ばしながらも、原発と自分たちのおかれた生活に目を背けることなく、これを芝居にして多くの人に知らせようという、ある演劇部員たちの姿が描かれています。もちろんそれは、彼ら自身でもあるわけですが、この作品から浮かび上がるのは、転校を余儀なくされ、各地を点々としなければならない子どもたちの生活であり、以前とは違ってしまった「空」の下で生きながら、なぜ、そんな風になってしまったのかを問い、それでも未来を描こうとする若い世代の姿です。

東京の新宿高校の『ひたすら、国道六号線。』は、部長である高木さんが、六号線を自転車で走り、自分の目でいわき市を見てきた体験をもとに書いた作品です。冒頭のスピード感あふれる高木君のモノローグは、自身のバラ色の高校生活をプランニングすることから始まりますが、突如、彼は国道六号線をひた走り、その先にある福島を自分の目で確かめる決意します。会場を笑いの渦に巻き込みながら軽快なテンポで展開される物語は、彼のプランニングした高校生活の光景と、彼の想像を超えた六号線から見える風景が交錯しながら進み、ついに「これより先、警戒区域」と書かれた場所まで到達します。そこは、津波で元の形を失い、無惨に変わり果てた誰もいない場所でした。

「宣誓、我々選手一同はスポーツマンシップにのっとり、正々堂々と意志を捨てずにひたすら、ただひたすら歩いて行くことを誓います」。これは、彼がそこに辿りついて発する言葉です。東京に生きて、離れた福島に寄り添い、自分の目でその場所を確かめ、そこから目をそらさずに生きていくことを誓う。そんな彼らの真摯な姿勢を示した作品でした。

三作品ともに、描き方は異なっていますが、いずれも演劇がこの世に存在する理由を強烈に示してくれた舞台でした。彼らと等身大の登場人物が登場する世界は、今を生きる彼らの目に映る、目に見えない不安と殺伐とした現実が繰り返し襲う世界であり、彼らが示した「未来」は、それでも生きることを選択しようと葛藤する彼ら自身一人ひとりの中に、鮮やかに灯っていました。

同じ表現者としてできること

フェニックス・プロジェクトvol. 4では、この三作品の他に、福島と東京の高校生から寄せられた一〇〇文字のメッセージのリーディング公演も行い、出演者は都内の十三校の高校生二三人が参加しました。

参加の高校生からは「またこういう機会があったら参加したい」「自分たちの作品をもっと多くの人に観てもらいたい」「自分たちの声を聞いてもらう機会を増やしたい」との声が多く寄せられ、このような場が若い世代に求められていることを実感しました。

彼ら高校生の作品は、私たちがそうであったように、一般の人たちの目に触れる機会が多くありません。しかし、彼らは、次世代を担う存在として、この過酷な震災以降の現実を生きて、表現し、メッセージを伝えようとしています。私たちは、同じ表現者として、彼らの声に耳をすまし、今回のように、彼らの作品をラインナップするなど、直接的な支援とは違った企画、演劇の役割を摸索できればと思っています。

5 発信力は生きる力――石巻日日こども新聞

太田倫子
一般社団法人 キッズ・メディア・ステーション 代表理事

二〇一二年三月一一日、東日本大震災を経験した宮城県石巻市の子どもたちが取材し制作した「石巻日日こども新聞」が誕生しました。震災発生から一年目のこの日を選んだのは、忘れないという決意と、災害から立ち上がる故郷を地域の子どもたちの成長とともに残していきたいという想いからでした。三ヵ月毎の一一日を発行日と決め、二〇一四年三月一一日には第九号が発行されました。創刊号は二万部。現在、国内外五万人の読者にお届けしています。

表現活動としての情報発信

最初からメディアをつくろうとしたわけではありません。震災後の非常事態で社会も大人も混乱を極めていた中で、子どもたちの心に震災のトラウマが残らないように、心のモヤモヤを吐き出すこと、表現することに重点を置こうと考えたことがきっかけでした。ちょうど、地域の外のみなさんから「石巻の子どもたちはどうしていますか?」「どんな支援が必要ですか?」と多くの問いを受けたので、石巻の情報を発信すること自体を彼らの表現の機会とすることにしたのです。そして、何らかのメディアが必要になりました。

地域とともに　石巻日日新聞社、保護者、学校、地域社会

メディアとして新聞を選んだのは、筆者が子どものころから自宅に届いていた夕刊紙「石巻日日新聞」が頭に浮かんだからでした。震災翌日から六日間、手書きの壁新聞を発行したことが国内外の高い評価を受けた同紙は、大正元年(一九一二年)創刊より一〇〇年間、地域とともに歩んできた新聞社によって発行されてきました。今では、ワークショップ、取材、レイアウト、校正、印刷の全工程にわたり、全社を挙げてご協力いただいています。

この活動には地域の大人たちの関与と協力が欠かせません。その筆頭は、活動に対する理解と協力を惜しまない保護者のみなさんです。送迎、取材前後のコミュニケーション、執筆時のアドバイスなど、子どもたちと二人三脚で参加してくれます。ある保護者は、反抗期にさしかかり、子どもとのコミュニケーションが減ったことに少々悩んでいたところ、取材をするようになって親子の共通の話題が増えたと話してくれました。

続いて、取材先で出会う大人のみなさんです。子どもに質問されると大人はとてもいい話をし、子どもが写真を撮るととてもいい笑顔になります。子どもがカメラを向けるので、被写体

の方は少し下向きで、大人が子どもに向ける優しいまなざしの写真ができあがります。

そして、学校の先生です。新聞制作のためのワークショップの会場から離れた地域に住んでいて参加できない子どもとのやりとりに、担任の先生が協力をしてくださるケースがあります。転任時や児童の進学時、他の先生に引き継いでくださる先生もいました。子どもたちへのまなざし、地域の未来を思う気持ちはすべての大人に共通だと感じています。

地域のたからもの　こども記者

二〇一二年一月七日、初回のワークショップに集まったのは、中学生を中心とした一四名。以降、現在も毎週土曜日の午後に集まっています。石巻地域ではジュニア・リーダーサークル活動の長い伝統があり、社会への参加意識の高い中高生が集まっています。小学生たちは、私の同級生や知人の子どもたち、その友人たちでした。

年齢が違う子どもたちをどのように束ねていくかについて、何の戦略もありませんでしたが、年長者が年少者の面倒をみるという構図が自然にできていきました。学年が混在するので、兄弟姉妹の参加が多いのも特徴です。今年三月に高校を卒業し、県外の大学に進学した記者は、今年の夏休みにはファシリテーターとして、後輩の指導を希望しています。経験者が教える立場になることで、記者の層が厚くなることは非常に好ましいことだと考えています。

情報には鮮度があるため、「新聞は日付が変われば古新聞」と言われることがありますが、石巻日日こども新聞について言うと、バックナンバーへの要望が非常に高く、古新聞にならないことがわかりました。それは、その子どもがその年齢の時にしかなし得なかった貴重な表現であり、いずれ地域の未来を担う人材である子どもたちの成長記録になっているからだと思います。ですから、こども記者は地域のたからものだと思っています。

読者　こども記者サポーター

読者については、どのように配布するのか、新聞を作ることに手一杯だったので、正直なところあまり考えていませんでした。唯一、思いついたのが「こども記者サポーター」という仕組みです。一年間の活動に一万円寄付してくださった方を「こども記者サポーター」とし、毎回一〇〇部、年間合計四〇〇部お送りし、配布のご協力もお願いすることにしました。学校関係者が社会科の授業で教材に使用してくださったり、病院関係者が院内に置いてくださったり、レストランの経営者がお店に置いてくださったり、青年会議所のイベ

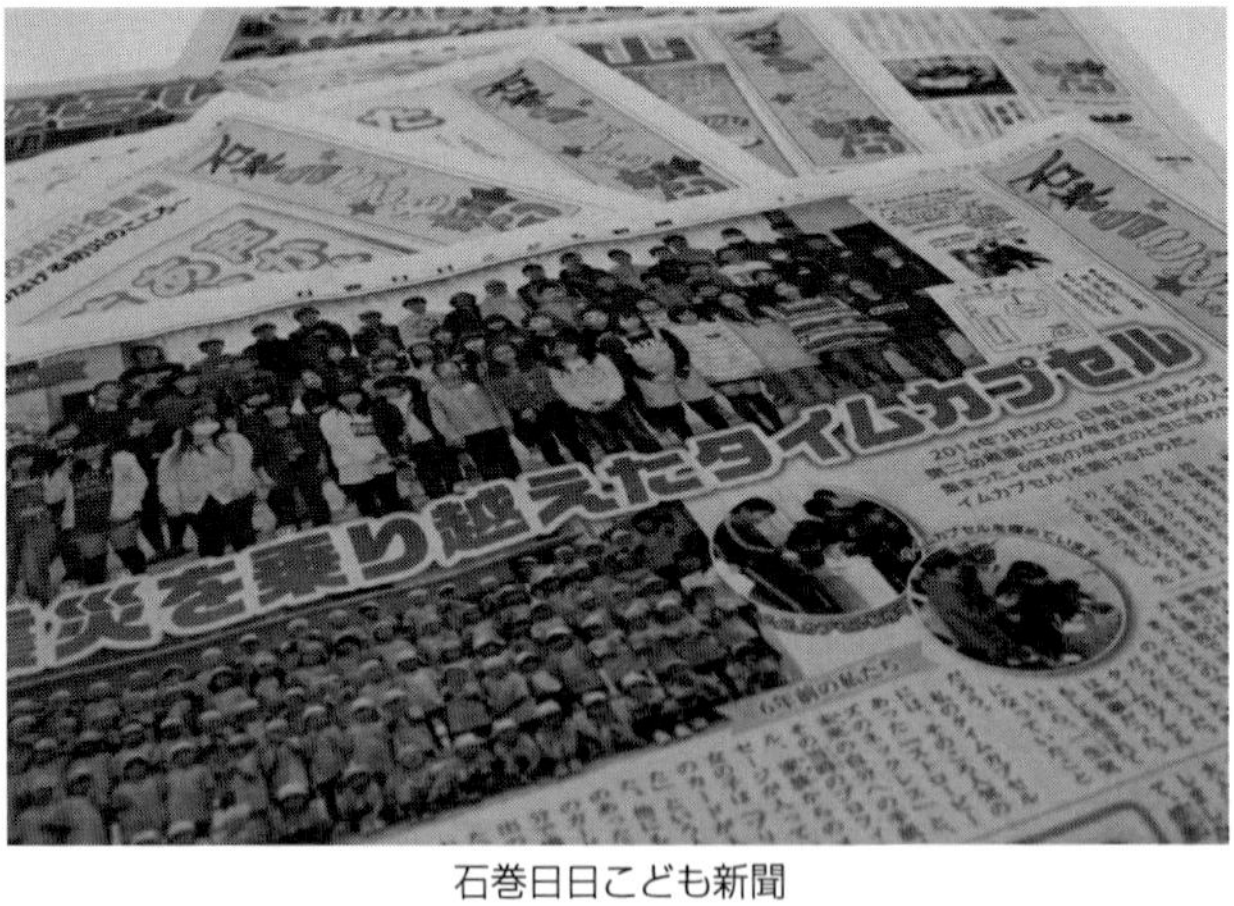

石巻日日こども新聞

ントで配布していただいたり、企業がお得意さまへの郵送物に同封してくださったり、実にさまざまな形で、人から人へ、関心を寄せてくださる方に届いていきました。

おかげで、今では北海道から九州まで、海外もロンドン、パリ、シンガポール、ニューヨークにも読者がいます。海外に読者が広まったことの理由のひとつは、在ロンドン国際交流基金の協力により、日本語上級者の英国人のみなさんが、ボランティアで一部の記事を翻訳してくださったからです。この交流は二年続き、担当者はこのプロジェクトをロンドンに残すだけでなく、次の任地でもその土地の言語で翻訳を行なってみたいと言っています。情報の発信手と読者という間接的な関係の枠を超えて、顔の見えるコミュニケーションも大切にしていきたいと考えています。

石巻日日こどもラジオ&テレビ　メディアの多様化

毎週土曜日のワークショップは、子どもたちが集まり新しいコンテンツが生まれる場所になってきています。子どもたちの日常会話に震災後の石巻の現状があらわれていることに着目し、ラジオ番組風に仕立てたものが「石巻日日こどもラジオ」です。仮設校舎や他校に間借した学校生活、通学バスのこと、給食のこと、学校行事のこと、雑談形式だとたくさんの話題が出てきます。多くは、就学児童がいない家庭では知ることができない貴重な内容です。

また、動画で石巻をＰＲする試み「石巻日日こどもテレビ」は慶應大学大学院メディアデザイン研究科・岸博幸先生のゼミの学生さんたちと共同で行ないました。「普通の女の子が石巻を悪から救う」という筋書きのシナリオ「女の子スパイいしのまき」を執筆しているのは小学五年生です。毎週土曜日に、他の子どもたちと相談しながらストーリーを組み立て、小学三年生のときから書き続けています。その挿絵を描いているのは小学六年生です。ストーリーの中で、集合場所は石巻日日新聞社、移動手段は東松島基地航空自衛隊のブルーインパルス、など地元の話題を巧みに取り入れていて面白いので、紙芝居や演劇などにアレンジし、神社のお祭りや、イベントで上演しました。こういったコンテンツはユーチューブに公開し、みなさんにみていただけるようにしています。

また、記者として写真を撮り続けている高校生の写真展を開催したところ、多くの反響と支援者を得て、東京、埼玉、神奈川（横浜、横須賀）、秋田と巡回しました。今後も国内外数カ所の巡回の要請があります。

一見、震災とは関係がないようにも思える表現活動の中で、ふと想いが表れることがあります。その瞬間を待つこと、見逃さないことをこれからも大切にしたいと考えています。

つくる・つたえる・つながる　情報発信で生きる力を磨く

東日本大震災発生後の数日間、社会が混乱し、私たちは生きる力を試されました。特に「正しい情報を収集する」という力が問われたと思います。電気が止まり、電話も通じず、テレビ、ラジオ、新聞といった信頼できるメディアが機能しないとき、どこに行けば水や食糧が手に入るか、道は通れるのか、行方が分からない家族とはどこで会えるか、デマやうわさも飛び交う中で、信頼できる情報を収集し、選択しなければなりませんでした。緊急時に、人の命を救う、あるいは生きる活力になる情報を得ることができなければ生き残ることもできません。東日本大震災は私たちに大きな試練を与えました。子どもたちには、そこから生まれた石巻日日こども新聞というメディアを通して情報を発信する側に立つことにより、いざという時に正しい情報を選択する力を磨いてほしいと考えています。

Ⅳ 「学び」をとり戻し広げ深める子どもたち

1 「学習サポート」から見えてきたもの

大橋雄介
NPO法人アスイク代表理事

震災二週間後から避難所で学習サポートを開始

私たちの団体は、東日本大震災が起きた二週間後に仙台市で立ち上がりました。その頃の仙台市ではまだ学校再開の見込みもたっておらず、このまま何ヵ月にもわたって教育の再開が遅れていけば、学習遅れの問題が深刻になっていくのではないか、特に避難所で生活している子どもたちは教材も物理的な環境もなく、目の前のことで精いっぱいの親からのサポートも得られず、よりハンデを負いやすい状況に置かれていくのではないか。そのような問題意識から避難所の中で学習サポートを始めたのが、設立の経緯です。

活動をはじめた当初は、避難所の運営者から相手にされないばかりか、肝心の保護者や子ども本人からも理解を得ることが難しい状況でした。しかし、少しずつ理解者や賛同者が増え、たった四人のボランティアと一緒にはじめた活動は、震災から二年あまりが経過した現在、一〇〇人以上の子どもが常時参加し、ボランティアも一〇〇人以上が継続的に参加する活動にまで発展しています。

被災した子どもと保護者へのインタビューから見えた現実

震災直後から避難所、仮設住宅で生活する子どもたちの学習サポートを続け、さらにはみなし仮設住宅（被災家庭が民間の賃貸住宅に居住し、行政が家賃補填をおこなう形態）で生活する子どもたちの受け皿として自主運営の施設を開設するなど、自分たちにできることは精いっぱいやり続けてきました。しかし、この震災の規模を考えると、自分たちの活動には大きな限界があったのも事実です。そのため、私たちは被災された保護者、子どもたちへのインタビュー調査をおこない、その声を『三・一一被災地子ども白書』（明石書店）という書籍に集約し、世の中へ発信することでより多くの人たちが行動することを意図しました。

もっとも、この震災は、放射線に汚染された地域、町が丸ごと被害を受けて人口流出が止まらない地域、あるいは親を失った遺児や孤児など、多様な問題が存在しています。私たちが実施したインタビューの対象は、仙台市内の仮設住宅で生活しているご家庭だけであったため、本書ですべての課題を浮き彫りにすることはできていません。そういった限界はありますが、この調査を通して発見できたことが、大きく二つありました。

一つは、震災前からの問題が浮き彫りになっていることです。被災が原因で困窮に陥るというよりも、以前から余裕のない生活をしており、震災という緊急事態が引き金となってより深刻な困窮に陥っていく、あるいは、困窮状態が見えにくかった家庭が仮設住宅などに凝縮されて顕在化するという様相が明らかになってきました。たとえば、ある避難所では子育て世帯の三分の二は元から年収二〇〇万円～四〇〇万円の収入であり、また、減給や失業に直面していた家庭の多くは、不安定な雇用、職業に就いていた場合がほとんどでした。中には保護者が引きこもりに近い状態で、子どもが極端な学習遅れに陥っているケースもあります。特に最後の事例は、震災があったから起きたわけではなく、震災前からそのような状態にあったということに他なりません。

もう一つの発見は、周囲からの偏見・スティグマにさいなまれたり、自尊感情が傷つけられている家庭が多いことです。この震災では、「絆」というフレーズとともに、さまざまな物的、

避難所での学習サポートの様子（2011年4月）

人的支援が被災者に届けられました。しかしそれによって、「あいつらは何でもタダでもらってずるい」といった眼差し、言葉が投げかけられ、当事者も「自分は社会のお荷物なのではないか」という感情に悩まされることもあります。その結果、次第に社会と距離を置くようになっていき、また困窮に陥るという悪循環が危惧されました。もちろん、ある状況下では支援が必要だったことに疑いはないのですが、いつまでもその状態では逆効果を生む可能性に気づかされたのです。徐々に、与えるだけの関わり方から、本人たちの主体性を引き出したり、役割を担ってもらうような関わり方に変えていく必要があるという教訓を得ました。

被災者の二極化と子どもへの影響

私たちがインタビュー調査をした時期から、二年近くの時が経ちました。その後、子どもや保護者の状況がどのように変わっていったのか、今どのような状況にあるのか、その一端を記してみたいと思います。

仮設住宅などで当団体の学習サポートに参加している子どもたちは、時おり感情の波が見られたり、大きな地震があったときには明らかに動揺したりはするものの、最初は落ち着きがなかったり、言葉や行動が粗暴であった子どもたちも、和やかな表情を見せたり、学習に対する意欲や集中力が目に見えて増してきたりと、よい傾向が続いています。

その一方で、保護者や家庭全体の状況に目を向けると、まだまだ予断を許さない状況です。

特に震災後一年から二年にかけて、顕著になってきているのは人間関係の問題です。たとえば仮設住宅では、入居当初はお互いに気を遣っていましたが、時間が経つにつれて他人の粗が見えはじめ、感情的な対立に発展してしまっているケースもよく耳にしました。また二年目からは、仮設住宅を出ていく人が目に見えて増えてきています。それに伴い、仮設住宅に取り残された家庭の焦り、苛立ちも強くなり、居住者同士でのいざこざもさらに目立ちはじめました。自立の道を歩み始める家庭と、取り残される家庭。被災者の二極化が進んでいるといえるかもしれません。

もちろん全員がそうではありませんが、取り残された家庭の状況は、以前にもまして従来の困窮家庭の様相と近しいものになりつつあります。たとえば、働きにも出ず、昼間から家で寝ている保護者がいます。昼頃に近隣の大人がその家庭の子どもに声をかけたところ、朝から何も食べていないという返事があったそうです。福祉行政の職員も訪問したようですが、それによって近隣の誰かが通報したのではないかと保護者が疑心暗鬼になり、いっそうコミュニティから孤立するなど、かなり対応が難しい状況に陥っているようでした。また他にも、ある日突然、保護者が復縁あるいは再婚し、子どもにとって複雑な状況が起こるケースも散見されます。

このような状況に置かれても、当の子ども本人が不安や不満を言葉にして表現することは滅多にありません。しかし、それなりの年齢になれば、子どもも家庭や自分が置かれた状況をかなり正確に認識していることを、ふとこぼした言葉からうかがい知ることができます。子どもの精神状態は、家庭の状況や保護者の精神状態に大きな影響をうけることは間違いありません。

阪神淡路大震災の後に実施された調査でも、震災から二年程度経った後に、経済的な問題や家族友人関係の変化から教育的配慮が必要な子どもが増えたというデータがあります。ここで取り上げたような保護者の焦りや苛立ち、社会的な孤立、排除、家族関係の変化といったことが、子どもたちへ負の影響を及ぼすことに、十分注意が必要な状況です。

震災後のセーフティネットをつくる

これらの状況に対応するために、私たちは、まず仮設住宅などでの寄り添い型の学習サポートを継続していく必要があると考えています。取り残されていく家庭の不安を少しでも軽減するために、私たちのような団体が寄り添い続けることが大切です。

その一方で、たとえば保護者の就業や子どもの精神的な問題など、学習サポートを通して見えてくるより複雑な状況に対応していくことも必要になります。そのためにも、各領域で専門的な活動をおこなっている組織との連携体制をつくり上げていかなければなりません。そういった営みが、被災された子どもと保護者の生活を守るだけでなく、今回の震災を教訓として、生活困窮に陥りにくい社会を築くことにもつながると信じています。

2

地域の人々と共に大震災から学ぶ

井口道子
岩手県宮古市立藤原小学校教諭

震災を教える

宮古市は、本州最東端に位置し、三陸沖の豊かな資源と陸中海岸国立公園「浄土ヶ浜」を代表とする海・山・川の豊かな自然環境を背景に、漁業と観光に力を入れている町です。本校学区である鍬ヶ崎地区は、漁業の隆盛に伴い魚市場・魚の加工・魚貝の仕込み等を基盤として栄えてきました。

そこで、本校では、「地域の豊かな自然や地域の中心産業である漁業を生かした体験や地域人材の積極的な活用」を推進すべく、二〇一〇年度より「海」をテーマとした総合学習にとりくんできました。海といっても、豊かな恵みをもたらしてくれる海もあれば、命を脅かす危険性を持つ海もあります。その二面性をもつ海について、両面から見つめる学習を展開していました。

子どもたちは、地域の方々の温かさに触れながら、漁業の大変さや収穫の喜び、鍬ヶ崎の自然の素晴らしさを学んでいました。しかし、二〇一一年三月一一日に起こった東日本大震災は、猛烈な勢いで鍬ヶ崎地区を襲いました。学区である海沿いの町は、大半の家が流失し、残ったのは、山際の高い所に立つ家のみでした。海岸線より五〇〇mほど離れた学校は海抜六～七mほどの高さにあり、過去の大津波の経験から、地域では「小学校には津波は来ない」と言われていました。ところが津波は学校にまで押し寄せ、校舎の浸水は免れたものの、体育館は床上浸水し、校庭は四〇㎝程、浸水しました。全ての学習の場が壊されました。

地域という全ての学習の場が壊され、何もなくなりました。頭が真っ白になり、教務主任として、今後の学習活動の構想など何も考えられませんでした。

何から手を付けて良いのか、途方に暮れていた三月一三日、ホタテの養殖体験でお世話になっていた地元の漁師さんが学校の玄関先に訪れました。

「あと二、三年待ってろ。また、養殖体験させてやっから」そう言い残して、足早に帰っていかれました。ご自身、養殖施設が全滅し、自宅も流失し、避難所生活をされていました。

何かしなければと自分自身の気持ちを奮い立たせスタートした新学期でしたが、五月の授業参観日には、前年にとりくんだ津波避難マップ作りで一緒に街歩きをしてくださった民生委員や町内会長さんも来校され、「今は、鍬ヶ崎を離れているけど、協力する」「怖れているだけでは、何もできない」と話していかれました。

子どもたちを、そして地域の学校を想う温かな言葉に勇気をいただきました。

「やれることをやろう」「今だからできることをやろう」子どもたちのために二〇一一年度にとりくむべきことが決まりました。

いまできること

「ホタテの養殖体験」（分散体験：四年生）

ホタテの養殖施設が全滅し、収穫しようとしていたホタテも船も道具類の一切が流されました。分散・耳つり・収穫・調理と四年生が行ってきた体験活動はどう考えても全て出来ない状況にありました。そんな中、「分散体験ならできるぞ」、あきらめていた六月末、予想もしなかった電話が入りました。市場は一ヵ月で再開し、地元漁師の皆さんもすでに立ち上がり、養殖を再開していたのです。

さっそく、校長・副校長と相談しました。（震災から半年しか経っていないこの時点で、海での教育活動は可能なのか。学校として安全面での配慮はできそうだが、児童・保護者の精神状態はどうなのか、等々。）そこで、保護者へのアンケートを実施しました。その結果、「とてもよい活動なのでぜひ実施してほしい」という意見など一〇〇パーセントの保護者から快諾を得ました。

二〇一一年九月一二日。早朝から地元の漁師さん、市水産課・宮古漁協・県水産振興センターの皆さんが四年生四三人の子どもたちのためにテントを張るなどの準備をしてくださいました。

昨年の活動を見聞きし、今年は自分たちが…と楽しみにしていた子どもたち。一cm位に成長した稚貝は、水の中を元気に泳ぎ回り、まずはそのかわいらしさに歓声が上がりました。説明の後、分散作業に入りました。稚貝三〇個ずつを数えて、かごに入れていきます。単純ではありますが、根気の要る作業です。いつもは賑やかな子どもたちが、黙々ととりくんでいます。父母や祖父母が漁業に従事している子どももいますが、全員が初めての体験でした。

実施後、次のような感想を語っています。

「貝が小さくて難しい。お父さんが早くできるのに、自分でやると遅くなる。お父さんはすごいと思う。」
「こんな大変な中なのに、ホタテの体験をやらせてもらってうれしい。」

子どもたちは、漁業の苦労を実感すると共に感謝の思いを強く持つことができました。

4年生 ホタテの分散（2011年9月）

いましかできないこと

「歩みだそう　未来への一歩」
～命を守った知恵をもとに～（五年生）

震災から一ヵ月もたたない頃、あの日の出来事を語りだす子どもたちが一人二人と出てきました。自分たちの気持ちを大人たちに聴いてほしいのではないかと思いました。被害を受けた地域の方からも「二度とこのような悲惨な出来事を繰り返さないように記録に残してほしい」「体験した人間だからこそ、語り伝えていく責任がある」等ご意見を頂きました。学年集会では、予想以上のたくさんの意見が交わされました。「大人になった時、この津波のことを、子どもたちに伝えていきたい」ということでした。

そこで、五年生の総合学習は「大震災から学ぶ」をサブテーマに、町内二三人の人たちから、体験談を聞き、冊子にまとめて全校に配布することを目標にとりくむことにしました。

震災直後、何を考えたか、どのように避難したかなど話を聞きました。二度にわたるインタビュー活動とテープ起こしは、子どもたちが知らなかった事実をより近くに感じさせました。

５年生　インタビュー活動（2011 年）

「三・一一の経験を未来に伝え、忘れることなく、これからもずっと心にとどめておいてほしい。そして、何よりも命の大切さを学んで欲しい」というこどもたちの願いは、以下の五つの提言にまとめられました。

提言一　地震がきたら　迷わず高台へ逃げるべし
提言二　命を優先し　何があっても　もどらぬべし
提言三　助け合い　人とのつながりを大切にするべし
提言四　万一に備え　防災グッズを準備しておくべし
提言五　未来に向けて　一歩一歩進むべし

最後は、五二人、一人一人が未来に向けて「夢・希望」をまとめました。「僕の未来への希望は、自分自身が津波に負けない人になり、鍬ヶ崎を明るい町に復活することです」。地域の再生を願い、笑顔が耐えない街づくりの一翼を担いたいと考える表現がたくさんありました。

いまやらなければならないこと

「輝こう　鍬ヶ崎」（群読劇：六年生）

六年生は、五年生の総合学習の時間に「自分たちの生まれ育った町の魅力を全国に発信しよう」とコマーシャル作りにとりくみました。ところが、完成したビデオとお礼の手紙を届ける前に、東日本大震災が発生しました。コマーシャル作成に協力いただいた皆さんの今まで築き上げてきた全てが、そして美しい鍬ヶ崎の風景が一瞬にして破壊されました。

二〇一一年七月二二日。コマーシャルビデオの上映会を兼ねて、昨年度お世話になった六名の方々を迎えて、パネルディスカッションを開きました。津波が来たときの様子、店が流された時の思い、これからどうしていきたいかなど、たくさんの話を聞きました。

そのなかで、「建物は流されてしまったが、またここで商売をしたい。鍬ヶ崎が好きだから」「子どもたちには、元気で明るく勉強や遊びにとりくんでほしい。それが復旧への力になる」という言葉が特に子どもたちの印象に残りました。

復旧・復興に向けて頑張っている人たちを取材し、自分たちで脚本を作り、学習発表会で上演することを目標にしました。蔵元、酒店、寿司屋、魚市場、養殖をしている漁師、車で移動販売をはじめた産直の人、貸しボート屋さん、神主さんへの取材を開始しました。

「もう商売をするのは無理だと思った。でも、親父の作った店の看板が瓦礫の中から見つかった時に、また店を始めろといっていると思った」。日常的な話題から入り、会話を交わすことで、様々な話を聞くことができました。「また職場のみんなと一緒に仕事がしたい。世界に誇れる魚市場を目指して」「海を憎むことはできない。津波はきたけれど、海が好きだから」という復旧にかける強い思いを感じ取ることも出来ました。

一〇月二二日の学習発表会では、「輝こう鍬ヶ崎」という題名で群読と劇を織り交ぜ、発表しました。地域の方々から「たくさんの勇気と希望をいただきました。これから私たちも頑張っていかなくてはならないと考えさせられました」など、たくさんの感想が寄せられました。保護者からも、「涙が何度もあふれてきました。地域に支えられてこその小学校であることを強く意識し、皆様に支えられていることに改めて気づくことが出来ました」という感想をいただきました。

これからも「地域の中の学校」として

学校から海はこんなに近かったのかと驚くほどに、瓦礫が撤去され、建物の土台だけが残る鍬ヶ崎の町。震災によって諦めかけていた「海」をテーマにした地域学習でしたが、地域の方々の力を借りて復活しました。

自分の家を失い、仕事場を失い、大変な状況であった地域・保護者の皆さんの協力が、これからも「海」と向かい合って生きていかなければならない子どもたちに貴重な学びの場を与えてくださいました。

「輝こう　鍬ヶ崎」（六年・群読劇）には、次のような台詞があります。

わたしたちは　真っ白な地図を受け取った
この真っ白な地図に

未来の　輝く鍬ヶ崎を創っていこう
そして　宝物のように　輝く人になろう

海から豊かな恵みを受け、海とともに力強く生きていこうとする大人たちのひたむきな姿は、今後自分たちがどのような生き方をしていけばよいのかを教えてくれました。

鍬ヶ崎小学校は、総合的な学習の時間をはじめ、学校行事を含む全ての教育活動を通して、地域の方と共に子どもたちを育ててきました。

これからも、学校と地域の連携を大切にしながら、いかなる困難にも負けず、自分の将来を力強く歩んでいく子どもたちを育てていきたいと思います。

一〇年後、二〇年後……目の前の子どもたちは鍬ヶ崎の復興の中心を担い、新しい鍬ヶ崎の町を創り、支えているはずです。

6年生「輝こう　鍬ヶ崎」(2011年)

3

被災の経験を共有する福島・マーシャル

長島　楓

福島平和ゼミナール「種まきうさぎ」

見えない恐怖――放射能と向きあう

その日、私は部活から帰り家でテレビを見ていました。もうすぐ三時のおやつかなと思っていた頃、小さく家が揺れました。「またいつもの地震だ」と思った直後、ゴゴゴゴという音とともにものすごい揺れがきました。その時はまるで波の上に乗っているかのような、不規則で身体だけではなく心までもが宙に浮いているようでした。その気持ち悪さと初めて感じた恐怖で、私は涙を流したのを覚えています。その後もお構いなく余震は止むことなくずっと続き生きている心地がしませんでした。それが、マグニチュード九・〇の東日本大震災の始まりでした。

私が福島第一原発事故のことを知ったのは、電気・水道などのインフラが途絶えていたため、地震から三～四日してからです。実はその時すでに福島の街には、九～一〇μSV／時の放射能が降り注いでいました。しかし、私は放射能教育をうけたこともなかったので、放射能については全く知りませんでした。学校に行っても授業では取り上げず、ただ風の強い日は「窓を開けるな」といわれるくらいでした。マスクをしている人もいればしていない人もいました。

種まきウサギ誕生

高濃度の放射能が降り注ぐ中、放射能について無知であった私が放射能のことを学び始めたのは、家族ぐるみで付き合いをしている元国語の先生からのお話がきっかけでした。その後、放射能のことを知れば知るほど怖くなり恐怖心が芽生えてきました。原発問題は難しい問題。私があれこれ言っていいのか——批判を受けることがとても怖かったのと同時に、無性に腹が立っていました。自分が福島で大切にしてきたこと、好きなことが汚されていると思ったからです。

福島はお米や桃、梨、さくらんぼなどの産地です。私の祖父母は農家で野菜を持ってきてくれたり、また山菜取りにいったりしました。自然と触れ合うことで私は四季を感じていました。しかし、原発事故の後、お米や野菜や果物は収穫しても捨てなければなりませんでした。原発事故は私から季節さえも奪ったのです。同時に、大量の放射能の中で暮らしていたという事実は変わりません。将来の私の健康、そして引き継がれる命に対しての不安は、一日たりとも忘れることはできません。私はこの時初めて、自分が何も知らないことに対する恐怖を抱きました。

そうした中、先ほど紹介した元国語の教師の佐藤淑子先生から、東日本大震災にあった中学生の作文を読んでほしいと誘われました。初めはそんな大役が自分に務まるかと思いましたが、原発事故に伴う様々な理不尽に対して疑問をもっていましたし、中学生がどんなことを作文にしたのか、それを朗読してみたい気持ちが強くなり、朗読を始めました。初めは一回きりの朗読発表でしたが、そこからどんどんと活動が広がり、朗読グループ「種まきウサギ」ができました。種まきウサギとは、福島の吾妻山に春になると現れるウサギの形に残った残雪のことで、それを見て農家の人が種をまくことから、種まきウサギと名付けられたそうです。女子高校生一年生二人と二年生の私を含め二人、合計四人で東京、埼玉、愛知、高知また韓国、マーシャル諸島など、それぞれに福島のことを知ってもらう活動をし、それと同時に平和の種を蒔き続けてきました。

今の福島

私が福島を離れて二年たった今でも、福島の現状は復興とは程遠いものです。福島市ふるさと除染実施計画（二〇一一年九月）によると、除染作業は空間線量率の高い地区から重点的に進めて、優先度をつけておこなうことになっています。私の地区は優先度が一番低い4で、いまだに放射線量は毎時約〇・二μSVです。目標とする追加被ばく線量が年間一mSVとなる環境放射能は毎時〇・二μSVですが、それと比べて四年経った今でもまだ高いです。優先度の高いところから除染するのは当たり前のことなのですが、私の実家に回ってくるのはいつになるのでしょうか。

なぜ福島市の放射線量が高くなっているのでしょうか。福島市は四方を山に囲まれた盆地であるため、周りの山の木々についた放射性物質が雨や風によって降り注ぎ、たまってしまうからだそうです。そのため、完全に除染をするためには、木を除染することも視野に入れなければいけません。しかし、すべての木々を除染することは膨大なお金と時間がかかり到底不可能であり、その木をどこに廃棄するのかなどのさまざまな問題も起きてきます。

また廃棄物といえば、避難区域においては民家や農地や畑にたくさんのフレコンバック（除染した土や草などを一時的に入れて置くための袋）が置かれています。雨が降ると放射能はしみこんで外に出ているという話も聞きます。また、フレコンバックの耐用年数は三～五年と言われていますが、今のフレコンバックの状況を見ると、汚染土が出ていたり汚染土から草が生えてきていたりするものもあります。四年経った今、除染だけではなくて除染後のことも視野に入れなければならなくなっています。

今感じていること

私は今思います。震災前の生活が本当に幸せだったと。今は朝から夜まで放射能のことを気にしてしまうからです。忘れようとしてもどんなに努力してもそれはかないません。放射能は自分が意識しようと意識しまいと関係なく私たちの身にまとわりつき、さまざまな害を及ぼしています。また、これから先明るくなるのか、暗くなるのか、明日・将来のことがまったく見えてきません。そのことにより不安が増し、知らぬ間にストレスになっていきます。放射能がもたらす不確実性のせいで、精神的な影響の方が大きくなっているようにも思えてなりません。

当たり前の生活が当たり前でなくなっているのが今の福島の現状です。私の周りには今現在も、原発事故の痛みを隠して、自分のみを放射能から守りながら生活している人たちがたくさんいます。また自分の出身地が福島と言いたくない人や、出身地を福島と答えると「大丈夫だったか？」と聞かれ、本当は大丈夫でないが大丈夫だったと答えている人もいます。

原子力発電所は福島だけではなく私たち一人一人の命と暮らし、そして人権に関わる問題です。しかし、これは福島の人たちだけが置かれている状態でしょうか？ 日本全国に五四基の原発があり日本が原発に囲まれています。また海や陸はつながっていて、地震大国である日本では多くの危険性を兼ね備えています。今一度、原発・放射能の恐ろしさを見つめなおして下さい。放射能の害は決してお金には代えられないものだと思っています。いくら報道がされることが少なくなったとしても、福島で起こったことを忘れてはいけません。また福島で今起こっていることも決して他人事と思わず見つめてほしいです。

核実験が行われていたマーシャル諸島での調査と交流

二〇一四年三月一日に、核の歴史六〇年の式典が行われるということで、マーシャル諸島という太平洋に浮かぶ小さな島国に行ってきました。そこは一九五四年三月一日のビキニ環礁約一一〇キロでのブラボー実験など、核実験が何度も行われてきた場所です。今回の渡航はトヨタ財団研究費を得て、被ばく体験を世代を超えて未来へつなぐことを一つのキーワードとし、研究者二名・私を含む学生四人でそれぞれの興味関心のもと調査・研究を進めました。

マーシャル諸島の人々は、六〇年もの時が経過しているのにも関わらず、核の被害を受けた時の想いがこもった歌やダンスを今もなお引き継いでいます。それを首都マジュロで三月一日の一週間前から七日間、毎日島ごとに披露しました。博物館では核の歴史についての展示が置かれたり、新聞記事には核関連の記事が多く取り上げられたりしていました。またアサンプション学校では好きなテーマを調べて、発表するという授業があり、そのほとんどのグループは核をテーマにしていました。核の被害者にインタビューして一冊の本にして発表したり、小麦粉を宙に舞わせて死の灰が爆発する様子を実践したりと様々で、私は教育の自由を感じました。マーシャル諸島では、核の継承が国を挙げて行われているようでした。

同時に交流を通して、先生又は公立か私立の学校かで授業方式が異なり、学生の間でも核に対する知識・関心に差があることも感じました。歌やダンスなどの文化的継承や各機関で核の継承が行われている一方で、時とともに核に対する学生の意識が薄れ、教育に限界があるとも考えられます。

私がマーシャルの短大の日本語クラスで福島の話をしたとき、「マーシャルのためにも核についてもっと学びたいと思った」「核の継承のためにマーシャルと福島は経験を共有することが大切だ」と学生たちは述べていました。学生の心が少しですが変化したことに感激すると同時に、「伝え」「共有」する活動を地道に行っていくことが改めて大切だと思いました。被災した当時のことや想いを他人に伝えることはつらくて避けたくなることもありますが、未来の子どもたちにまた同じ過ちを犯さないように、そして子どもたちを守るために私が死ぬまで伝え続ける責任があると思いました。

伝えるということに終わりはありません。私ができることを少しずつでもひとつひとつしていきたいと思います。

マーシャル諸島で学生たちと（左から２番面目が長島さん）

4

「ヤマ学校」が育てる子どもの「生きる力」

八幡明彦

自然塾・歌津てんぐのヤマ学校

地域、子ども、自然、遊び

宮城県南三陸町は、山が海に迫ったリアス海岸地形で、山川海のつながりが町の中にそろっています。「おらほ（わたしたち）の自然」を体験し、学ぶのに最適な環境といえましょう。校外学習で学校周辺を歩くだけで、森のカモシカ、川を遡上する鮭、海辺に落ちている化石に出会ってしまうこともありました。

この地方に「ヤマ学校する」という言葉があります。通学途上や、学校をサボっての野遊びのことです。山菜・秋の果実採り、虫や魚採りなど、子どもが大人の道具なしに自分たちで工夫して、自然の恵みを得、その場にあるもので遊んできた伝統です。幼いうちからおじいちゃんと一緒に裏山や海辺を歩き、ガキ大将になって低学年を引き連れて子どもたちだけで秘密の場所を探検する、そんな現場性、子どもの自発性が「ヤマ学校」の基本でした。

この地域の大人たちは「おら、ヤマ学校卒だ」などと笑いながら、そうして学んできた、自然の恵みを得て生きる知恵の数々を語ってくれます。筆者は東日本大震災後に南三陸町歌津地区を訪れ、「ヤマ学校」の魅力のとりことなり、同町に居を移し、学校が休みのときにこれを子どもたちと実践する活動を三年にわたって行なってきました。

災害後の遊び環境と、ヤマ学校の可能性

豊かな自然と親しむ南三陸町が、二〇一一年三月一一日の東日本大震災で、甚大な被害を受けました。家族友人を失い、住居仕事をはじめ暮らしが大きな打撃を受け、大人たちは立ち直りに必死の日々が続きます。子どもたちの遊びをめぐる環境を考えますと、遊び空間だった町並みが失われ、整備されない交通状況のなかバス通学が続き、徒歩通学中にできた「道草」が失われました。屋外で遊ぶ子どもが減り、体力が落ちているという傾向も、学校現場で聞かれるようになりました。

避難所で居場所が限られていた子どもたちに、震災の年の夏に地元の自然のなかでのキャンプを提供したことが出発点となって、かつての「ヤマ学校」の聞き取りと、その復活の試みを始めることになりました。避難所で川の水や薪調理での生活を経験した小学生の親たちからは、「日常的にこうした生きる技を子どもたちに教えておく必要がある」と、ヤマ学校のような活

動の意義を再認識する声が出ていました。いざ大災害のとき、行政サービスに頼れず、個人の危機克服対応力が問われるからです。また、地域の災害対応力には、里山的な伝統暮らしのもつ保存食や自然から得る水・燃料が大きな意味を持つことも自覚されました。(「自然保護教育・自然体験学習と災害教育の接点をさぐる：南三陸町歌津地区を事例に」、環境教育23(1)、五～一二頁、二〇一三年七月、日本環境教育学会)

「てんぐのヤマ学校」では、津波浸水域だった川沿いなどで遊ぶ際、直近の丘に登る古い山道を前もって歩いて覚えておきます。森の中で遊びを発見すると同時に、命を守る道も発見する活動です。その道は、森の中の神社の参道だったり、大津波も上がらない高台への江戸時代以前の古い道の再発見だったりします。昔の知恵との出会いがそこから始まります。

子どもが出会う自然・いきもの・海山の声

東京から居を移した筆者は、森の中の田んぼ跡にテント小屋を建てたり、二〇年間人が住んでなかった古い木造家屋を借り、川の水と薪の利用を日常の基本にしています。週末そこに通う子どもたちは、火を焚いて調理することをはじめ、木、火、土、水の恵みを体感し、それらの扱いを習います。自分で工夫しつつ、昔ぐらし、里山ぐらしの知恵に気づいていきます。

遊びのなかで食べることは自然の恵みを実感する基本です。歌津の伊里前川には、シロウオというハゼ科のかわいい魚が産卵のために海からのぼってきます。これを地元では「ざわ」という石積みを使った追い込み漁で獲って、おどり食いやお吸い物にします。河口部に作られる「ざわ」は、潮が満ちて水位が上がるとその上をシロウオの群れが乗り越えて上流へと逃れ、また次の「ざわ」に入るという形で、獲りつくさない漁法が行なわれています。自分たちで石を積んでみて、あるいは川石をひっくり返してその下に巣作りするシロウオを発見しつつ、この魚の行動や生態を知っていく小学校授業も復活しました。ヤマ学校では、川で自分ですくったシロウオをその場で口に入れる子もいます。自然の恵みをいただきつつ、それを守ることを「自分ごと」にしていく、という遊びから始まる自然環境保全の営み。それは、親しめる水辺が復旧してこそ続けられるものでしょう。

シロウオは川底から水がわくようなきれいな砂のある川に産卵します。そうした環境を守るには、川を囲む山の林からの染み出し水が流れこんでいることが大きな役割を果たしているようです。海もまた森からの水の恵みで豊かな漁場となっていることが、子どもたちにも分かってきました。

まちの宝を語りはじめる子どもたち

子どもたちは、ヤマ学校などの野外活動後に「歌津の宝」の絵を描きはじめました。学校の総合学習のまとめでも、「歌津の未来」を描いています。そこにはカモシカやシロウオのように出会った生きものや、龍やカッパのような伝説の生きものも描かれています。谷が入り組んだリアス地形の谷部と山を色分けして地図を塗ると、枝分かれした手足やヒゲがある龍のような形が浮かびあがります。水の道であるこの地形を龍の姿とみれば、確かに龍は歌津に存在するのです。歌津の霊峰・立束《たつがね》山《さん》は「龍《たつ》が峰《みね》」という古い言い伝えもあります。伝承とつながる今の子どもたちの発見は、昔からの地域の宝を言い当てています。

津波の翌年に伊里前小学校三年生が描いた「歌津の未来」の絵には、一面の青い海の中の未来都市が描かれていました。おじいちゃんが復活させた漁船、習ったばかりの地図記号を記した海中ビル、魚と遊ぶ公園など。津波で大変な経験をした子どもたちが、なお海とともに生きる町を描いたことは、この土地の暮らしが地元の自然に深く根ざしていることを告げていました。防潮堤建設の議論が高まる中、子どもたちは森のある地形で海からの波を防いだらどうなの？という絵も描きました。自然に近い人々としての子どもたちが、復興世代を担う人々として語り始めています。

「てんぐのヤマ学校」での八幡さん

5 復興支援を通して学ぶ

塚田耀太

Teen for 3・11 代表

一〇代の復興支援団体、Teen for 3・11は二〇一二年四月二日に発足し、関東を本部とし、関西及び東海にも支部を置き全国規模で復興支援活動をしています。おこなっている主な活動としては、旅行ツアーの実施、冊子（フリーペーパー）の発行、関東でできる復興支援イベントの実施、毎週の東北の様子の配信などがあります。

東日本大震災が起き、多くの学生が東北の復興支援に関わりました。大学生を中心に、多くの団体が立ち上がり、ボランティアを東北へ送ったり、全国の大学で写真展を開催したりしてきました。僕自身もそのような団体を利用し、復興支援活動をおこなっていました。しかし、多くの高校生は復興支援に関わることができていませんでした。実際に東北にボランティアへ行っても高校生はおろか一〇代がほとんどおらず、関東でおこなっている活動にも高校生はあまり関われていませんでした。高校生が復興支援に関わりにくい様々な理由があったからです。

たとえば、カリキュラムが決まっているため時間がない、親の縛りが強い、お金が無い、そして実際におこなっているのは大学生が多いため仲間がいない、といったことです。

高校生たちが、東日本大震災に対して興味関心が無いわけではありません。実際におこなっている大学生たちと同じことを感じ、復興支援をしたいと思っていた人もいます。それにも関わらず、様々な壁があったために、復興支援ができる環境がありませんでした。

震災後、半年が経った頃から僕は東北へ行きはじめました。帰ってくるとブログに写真や文章をアップしたりしていました。そうすると、「今東北ってどうなの?」などと聞いてきてくれた人がいたのです。そこで、僕たちは上記のような問題を解決し、一〇代が復興支援をできる環境を整えようと考え、高校生を中心とした一〇代の復興支援団体を創設しました。僕たちの復興支援活動の日程はツアーに参加する当事者である高校生のスケジュールに合わせて組み、事前説明会などで保護者の方にも安心していただき、できるだけ費用を抑え、同年代だけで活動をおこなっています。

渋谷でミーティングをするTeen for 3.11のメンバー(2012年7月)

東北への旅行の実施――高校生にも参加しやすいツアーを

震災から一年が経っていた東北には各地に復興商店街ができていました。それらの商店街では、旅行などの形でも訪れてほしい、というニーズがありました。高校生たちにいきなりボランティアに行こう、というのでは少しハードルが高いかもしれない。でも、一緒に旅行に行こう、であれば、少し興味関心がある人は来てくれるのではないか。そう考えた所から活動が始まりました。また、高校生はやはり長期間滞在することは厳しいです。そこで、大切になってくるのは何回も訪れること、そして大学生などになり、時間を自ら作れるようになった時にまた、東北に訪れてもらうことだと考えています。そのため、僕たちのツアーは東北の魅力を伝え、東北を好きになってもらうことが中心となっています。

今までおこなってきたツアーは関東から四回、関西から一回の計五回です。宮城県気仙沼市を中心に、石巻市や福島県いわき市にも訪れました。ツアーの内容としては、お祭りに参加すること、実際の被災の様子をお聞きするということ、東北の小学生たちとクリスマス会を開くといった小さなボランティアをすること、そして現地の一〇代の人たちとワークショップをし、東北のことを考えることなどです。これにより、「知って、考えて、行動して」という僕たちが大切にしている三つのステップを踏めるようになっています。

ツアーを通し、なかなか高校生が見ることのできない生の東北を知り、その上で考える、そ

気仙沼への第1回ツアーの参加者のみんなと（2012年8月）

して行動をする機会を提供しています。また、これらのプランをそれぞれ東北の高校生とともに考えることにより、関東本位ではなく、東北本位の活動になるようにしています。参加してくれた高校生は延べ一七三人を数えます。彼らは僕たちの旅行を通し、「沢山の人と知りあい、いろんな考え方を聞き、今までの人生で一番濃密な三日間でした」「現状をちゃんと知ることってすごく大事だなって実感した」「現場に行かないとわからない、感じられないことって沢山ある」などの感想を言ってもらうことができました。これからも、東北のニーズに合わせた支援を、高校生が参加しやすい形で提供していきます。

フリーペーパーの制作・発行

復興支援とは何かと考えた時、まずは東日本大震災について知ることからなのではないかと考えました。二〇一一年三月一一日に東日本大震災が発生したことは知っていても、どこの被害が大きかったのかや、震災から時が経過している今の状況などは知らない人がほとんどです。また、どうしても東北に行くことができない事情がある高校生でも、東北について知り、考えることはできます。そして住んでいる場所でできることを少しでもすることはできます。そこで、僕たちは冊子を制作・発行し、配布することにより、東日本大震災に対する知識を提供していこうと考えました。

　僕たちは「冊子」という現物で発行することにこだわりを持っています。このデジタル化が進んだ社会においては、印刷費をかけずともネット上で配布をおこなうこともできます。そのなかで、僕たちが冊子という形で発行をすることにはいくつかの理由があります。

　デジタル写真が進んだ世界において、写真展というものが存在し続けているように、ディスプレイを通すのではなく、現物で見ることによって伝わるものは違います。さらには、冊子を学校などの日常生活の中にいれこむことにより、今まで東日本大震災に興味がなかった人や、

「東北さいこう！」第２号の表紙

興味はあってもTeen for 3・11を知らなかったために復興支援に関わることができていなかった人に、アプローチすることができます。これらの理由により、僕たちは冊子という形で東日本大震災に関する情報を多くの一〇代に広める活動もしています。

今までに、プロトタイプとなる〇号、一号、二号を発行し、合計部数は三一〇〇部になります。一号は、「Student Freepaper Forum」というフリーペーパーのコンテストでトップ20に入選することができました。高校生の制作するフリーペーパーとして、また東日本大震災に関するフリーペーパーとしては唯一のトップ20入りでした。これらを、関東を中心とした全国の高校や、渋谷パルコに入っているショップ「Only Freepaper」などで配布しました。

フリーペーパーの内容は、最初は写真とキャプションなどにより視覚から感情に訴えるものを使用し、そこからボランティア体験記や、東北に暮らして東北を盛り立てている一〇代へのインタビュー、一〇代で行動を起こした高校生二人による対談、そして実際にできる復興支援情報の提供などと、だんだんと文字数を増やし、実際に行動を起こす過程にそった構成になっています。また、「考える」ということをしてもらうために、問いかけのページも作られています。一号での問いかけは「今、関東で震災が発生したら東北への支援はどうなるのか」というものでした。

東北以外の地域からおこなう復興支援

Teen for 3・11が力を注いでいる三本目の柱が、東北以外の地域で実際にできる復興支援です。冊子によって、関東など東北以外の地域で知り、考えることは、復興支援のファースト・ステップです。しかし、残念ながら実際に行動を起こすことはそれだけではできません。そこで、東北に行けない人でもできる復興支援を提供していこうと考えました。その第一弾として関東で実行したのが、料理教室です。東北の料理を、東北の食材を使い、関東で実際に作って味わおうという企画でした。

この料理教室により、東北の大きな魅力の一つである食を知り、東北を好きになってもらうこと、風化防止と風評被害の縮小、そして経済効果に少しでも貢献することを狙いました。また、東北から関東に避難をしてきている一〇代の人たちを招き、一緒に料理をすることにより、避難してきている被災者の方の話を聞く機会も提供することができました。この料理教室には五〇名の一〇代の人たちが参加しました。東北へ行くことは、忙しい高校生にとってハードルは高いです。しかし、関東でできることであれば参加ができる人は多いです。そのため、これからも継続しておこなっていきたいと考えています。

全国への展開、次の災害への備え

災害はまた日本を襲います。その時のために、防災・減災や、実際に災害が起きた後に動き出す体制を整えることが重要だと考えています。

復興支援をしたい高校生は全国にいます。各地方の支部では、防災ツアーをおこなうなど独自のとりくみをしています。関西からは旅行ツアーもおこなっています。また、冊子の配布もそれぞれの支部でやっています。こういった形で復興支援のできる環境を全国へ広めていきたいと考えています。

支部や、今までの参加者のネットワークは次の災害時に生きてくると考えます。災害が起きた後、支援ができる環境が整った時点で、この若い世代のネットワークに声をかけていくことにより、次の災害時に素早く行動を起こすことができます。この体制を整えることが、僕たちTeen for 3・11のもう一つの目標です。

災害は起きます。その時点で、できる限りの防災・減災をし、さらにその後の復興支援を迅速におこなう。東日本大震災の復興支援にとどまらず、これからも僕たちは復興支援団体として活動を続けていきます。

料理教室で調理した実際の東北の郷土料理 すっぽこ汁

V

「まち」を元気にする子どもたち

1 子どもの参加でよりよいまちに！

津田知子
公益社団法人セーブ・ザ・チルドレン・ジャパン
東日本大震災復興支援事業部プログラムマネージャー

地域の復興と子どもたち

「あなたは自分のまちのために、何かしたいと思いますか？」「あなたは自分のまちをよくするために、人と話しをしてみたいですか？」二〇一一年五月下旬、国際子ども支援NGOセーブ・ザ・チルドレン・ジャパン（以下SCJ）は、「Hear Our Voice 1 子どもたちの声～子ども参加に関する意識調査～」の一環として、岩手・宮城二県五地域の小学四年生～高校生計一万一八八八人に、これらの質問を問いかけました。一体どのくらいの子どもたちがこの質問に「はい」と答えたでしょうか。

有効回答一万一〇〇八人のうち、約八七％の子どもが「自分のまちのために何かしたい」、約七七％の子どもが「自分のまちをよくするために、人と話をしてみたい」と答え、「自分よりおさない児童館の子どもたちのめんどうをみる（小五男子）」「大人は色々な事で、大変だと思うから、子どもを中心とした、元気を、町の地域の人達にとどけるとりくみがしたい（中一男子）」「将来のことだが、市役所の職員になって直接再建に加わりたい（高一男子）」「明るくて、元気な町をつくるためには、心のそこから話せる人と話せる場がほしい（小五女子）」「大人だけできめないで、子どもたちのいけんもいれてほしい（中一女子）」『未来のこの町を想像し、そのために自分達子どもには何ができるのかなどを話してみたい（中一女子）」など、一万人以上の子どもたちが被災地から声をあげました。

日本政府が二〇〇九年に発表した「子ども・若者ビジョン」、また同年発表された国連子どもの権利委員会第三回日本政府報告書総括所見においても、社会を構成する重要な「主体」として子どもを尊重すること、また、政策決定プロセスにおける子どもの意見表明や社会参加の機会の保障がうたわれています。本調査は、子どもの権利の実現を目指すSCJが、国・県・市町村にて復興計画が検討されている中、子どもたち自身が復興に向けたまちづくりに参加することについて、どのような意見を持っているかを知るために実施しましたが、緊急下においても、子どもたちは地域の復興に向けた議論に自ら進んで参加したいと考えていることが明らかになりました。

子どもが主役「子どもまちづくりクラブ」

これらの子どもたちの声をうけ、二〇一一年六月下旬より、岩手県山田町、陸前高田市、宮城県石巻市の三地域で「子どもまちづくりクラブ」を開始しています。「子どもまちづくりクラブ」は、各地域小学五年生から高校生まで一〇～二〇人の多様なメンバーが週一回程度定期的に集まり、子どもたち自身が自分たちのまちをより良くしていくために活動する場です。

岩手県山田町のクラブ名は「けっぱれ山田 Toekomst（トゥーコムスト／未来）」。山田町とオランダが姉妹都市であることからクラブ名にもオランダ語をとり入れ、〝愛があふれる町～未来・伝統～〟というコンセプトをかかげています。「有名で、キレイで、誇りに思っていた山田の海を取り戻して、観光してもらえる人を増やして、山田をどんどん発展させていきたい」という思いから、山田町の特産品であるまつたけとしいたけをミックスした〝まつしい〟というイメージキャラクターを創り出し、山田町の伝統の一つである祭りについて調べながら、山田の良さを発信しています。

岩手県陸前高田市のクラブ名は「絆～Save the hope TAKATA」。〝生きるだけの町ではなく豊かに暮らせる町〟をコンセプトにしています。現在は、「震災を受けて、仮設住宅に住んでいる人たちの中には子どもからじっちゃん、ばっちゃんまでたくさんの人がいる中、陸前高田を照らし、みんなが集えるシンボルとして、あかりの木を作りたい」という思いを実現すべく、仮設商店街の一角に地域のおとなと連携しながら、ミニ「あかりの木」を制作しています。

宮城県石巻市のクラブ名は「THE ローリング・ストーンズ～俺等はそれを ROCK と呼ぶんだぜ～」。石巻＝Rock'n Roll と、〝大人も子どもも過ごしやすい、古いものも新しいものも一緒に、Rock'n Roll のまち〟をコンセプトにかかげています。「みんなが住み、大好きな石巻を私たちが支え続けていく。震災の記憶を決して忘れず、語り継いでいく。復興に向ってそして自分自身の夢へ突き進んでいく」。そんな思いを原動力に、子どもたち自身が設計・建設・運営に参加する子どもセンターの完成に向け、活動中です。

定期的な活動を通じて子どもたち同士で話すだけでなく、数か月おきに各地域で開催する活動報告会や年に一回実施する「東北子どもまちづくりサミット」では、行政・保護者・地域のおとなとも話し合い、時にはまちづくり・建築といった専門家もまじえながら、地域の復興に

「けっぱれ山田 Toekomst（トゥーコムスト／未来）」

「絆〜 Save the hope TAKATA」

「THE ローリング・ストーンズ
〜俺等はそれをROCKと呼ぶんだぜ〜」

向けたまちづくりを考えています。

復興計画に子どもの声を「Hear Our Voice」

「子どもまちづくりクラブ」の活動にくわえ、ＳＣＪでは、子どもたちにアンケートや聞き取り調査といった形で、被災した子どもたちの復興計画やまちづくりに対する思いや考えを集めて社会に発信し、国・県・市町村の復興計画やまちづくりに子どもたちの声を取り入れてもらう活動「Hear Our Voice ～子どもたちの声～」も実施しています。

二〇一一年一〇月からは「Hear Our Voice 3 ～復興計画に関する聞き取り調査～」として、子どもたち自身が当時各自治体が公表していた復興計画案を読み、意見を出し合っていく調査を実施しました。行政の復興計画案そのものは、大人でも理解するのが難しく、子どもたちからは「見るだけでやる気をなくす」と言う声も。そこで、ＳＣＪが前述の三市町と岩手・宮城県が発表した復興計画案を子どもや若者に分かりやすく簡約、復興計画案チャイルドフレンドリー版を作成し、子どもたちはそれらを読み、さらには各地域の住民説明会にも参加しながら、意見をまとめていきました。

「まちのみんなで理解し、協力することで、つながりも深まるし、防災に対する意識が高まるから、学校だけでなく、まち単位での防災教育をしたらいいのでは」「震災後、通学路やスクールバスの停留所、仮設住宅へ行くための道として使われるようになって人通りが多くなった道を、運転手も歩行者も安心・安全に利用できるよう、外灯や歩道を整備してほしい」「耳に障がいのある人には、津波とか火事の違いをサイレンの色で伝えるなど、防災無線が確実にみんなに伝わるようにしたらいいのでは」など、子どもたちからは様々な意見があがり、一二月下旬にはこれらの意見をまとめ、子どもたち自身が各市町と岩手・宮城県に意見書として提出し、政策提言を行いました。

そして、市町・県への意見書提出につづき、二〇一二年二月には「Hear Our Voice 4 〜国に伝えたいこと〜」として、復興庁にも意見書を提出しました。「校庭の半分に仮設住宅が建って、授業で校庭を広く使えなくなったのは仕方がないと思ったけれど、偉い人だけで勝手に建てるのではなく、説明がほしいと思った」ことを例にあげた提言一〝大人の意見だけではなく子どもの意見も大切にしてください〟。「被災地に足をはこんでもらい、一緒になって考えていく活動をしたい」と、提言二〝国から被災地支援をしてください〟。「震災は全国で起こる可能性があり、東日本大震災は津波だったけど、市町村によっていろいろな災害が起こる可能性があるから」と、提言三〝全国で津波・地震対策をしてください〟。

さらに、七月には「Hear Our Voice 6 子どもたちの声〜世界に伝えたいこと〜」として、世界防災閣僚会議開催に合わせ、世界に向けた提言書を発表。震災から一年が過ぎた現在、「（震災を経験した）子どもにしか分からないことってあると思う、それを伝えたい！」と、これまでの意見書作成での議論、さらには各自の東日本大震災での経験をふまえ、世界中の災害リスク削減に向けた提言を作成しました。

子どものことは子どもが一番よく知っている

「子どもに聞いたって、わかるはずがない」「子どもの意見を聞くのは、時間も掛かるし、ムダなのでは」…SCJが二〇〇三年から日本国内にて、子ども参加促進事業〝Speaking Out～みんなで話そう～〟を実施する中で、時にこのような大人の声が聞こえてきました。しかし、本当にそうなのでしょうか。

震災後、被災地では子どもたちが〝守られるべき存在〟〝支援される存在〟として捉えられることが多かったように感じられます。確かに、ともすれば子どもたちは社会的弱者として忘れさられてしまいます。ただ同時に、これまで被災地で活動する中で、それだけではない子どもたちの姿も見えてきました。

「こんな大きな災害があって、ちっぽけな自分にはなにもできないだろうと思っていました。でも、SCJのおとなたちが、私たちの話を聴いてくれて、言葉が見つからなときは一緒に探してくれて。そのうちに自分で言葉にできるようになって。自分も何かできるんじゃないかと思えてきて」これは、活動に参加して約半年たった頃、子どもまちづくりクラブのある中学生が語った言葉です。

子どもまちづくりクラブの子どもたちを見守ってきた大人からも、次のような声が届いています。「大人が気づかないようなアイディアや発見を子どもは持っている。大人が思う以上に子どもは考えているし、表現する力を持っている」「子どもたちが非常にしっかりしていて、頼もしく、間違いなく将来地域のリーダーになると思った」。

今、被災地には〝復興の主体者〟として声をあげ、社会に参加する子どもたちの姿が確実にあります。前述の世界に向けた提言書の中で、〝子どもの意見を取り入れることによって、子どもが社会について積極的に考えるようになります。自分自身で考えてつくり出したまちを好きになり、そして、まちに優しくなります。意見を出し合うことによって、地域の方々との交流が深まり、地域の方々と仲良くなることができます。大人も子どもも意見を出し合うことによって、まちはより住みやすくなります。住みやすく理想的なまちになると、まちに愛着がわき、生涯そのまちですごしたいと思い世代をこえて「この土地で働きつづけていこう」、まちの未来を大事にしていこうと、考えていくのです〟と子どもたちは語っています。

子どもは、私たち大人の、社会のパートナーです。今後も、ＳＣＪは行政・地域・保護者の方々と連携し、子どもたちとともに、復興に向けたより良いまちづくりにとりくみ、さらに、これらのとりくみを東北から発信することで、日本をはじめ世界中における生きる・育つ・守られる・参加する「子どもの権利」の実現を目指します。みなさんも一緒に子どもたちの声に耳を傾け、子どもたちとともにより良いまちをつくりませんか？

2　「　」《かぎかっこ》がつくる新しい未来

金子知史
日本財団　東日本大震災復興支援チーム

高校生がつくる　いしのまきカフェ「　」《かぎかっこ》

この名前のプロジェクトが始まったのは、二〇一二年六月二四日。宮城県石巻市で産声を上げました。

構想はその約一年前、フィリップ モリス ジャパン株式会社と日本財団の間で始動した子ども支援プロジェクト〝Doorway to Smiles〟の一環で生まれました。目的はひとつ、若者の人口流出が進むなか、地域の未来を支える人材の育成拠点をつくること。そのためには、地域の若者の中心である高校生を主役に、地元への愛着を育みながら、社会に巣立つための準備をおこなう機会が必要でした。この構想は約一年間をかけ、高校生がゼロからコミュニティカフェをつくり運営するという前代未聞のプロジェクトとして東北の地に具現化されました。

「　」《かぎかっこ》は、これから高校生自身がつくるため、お店の名前を空欄にしてあることを意味しています。店名だけでなく、全てをゼロからつくり上げるのです。夢、希望、目標、期待、信念。無数の思いを持ち寄り、約三〇人の高校生が「 」《かぎかっこ》に集まりました。

いざ始まり！「 」《かぎかっこ》へ詰め込む様々な思い

「お客さん来るかな～」「友達できるかな～」心配や不安の声もありました。しかし、「まちの人とコラボしたい」「石巻の特産物を使いたい」「高校生のパワーを伝えたい」明るく、そして前向きな思いがありました。その思いはひとつになり、「石巻を元気にする」というカフェのコンセプトとなりました。

このコンセプトを実現するために、商品開発チーム・空間デザインチーム・情報発信チームの三チームに分かれてカフェづくりを開始しました。石巻を元気にするべく、各チームがそれぞれ専門のＮＰＯなどと協力しながら高校生主体で進めていきました。

早速実践の機会が訪れました。同年八月一日、石巻最大の祭事「川開き祭り」での一日限りのプレオープンです。コンセプトをもとに、石巻の自然をイメージしたカフェをつくり上げました。震災後、自然はネガティブなイメージでとらえられがちでしたが、石巻にとって自然はかけがえのない大事な存在として、ポジティブに発信していきたい。そんな思いをプレオープンで表現しようとしました。

商品は石巻の新緑と太陽をイメージした二種類のフレッシュジュースを提供し、内装は地元の山で採った笹を装飾に使い石巻の自然を表現しました。
また、メンバーの一人がこんな詩をつくりました。
「春には日和山《ひよりやま》の桜を見上げ宴を開き　夏には北上川《きたかみがわ》のそばで花火を楽しみ　秋には豊かな海の幸に舌鼓して　冬には舞い散る雪の中みんなでいっしょに暖をとる　私たちのそばにはいつも、自然がありました。それは今も変わりません。私たちはこのまちと、そしてこの自然と共に毎日を過ごしていきます。水と魚がいつも隣にあるように。いしのまきカフェ「　」《かぎかっこ》高校生メンバー一同」

メンバー全員が思いをひとつに臨み、一日で三一七杯を売り上げることができ、初めての営業が大成功に終わりました。

川開き祭りプレオープン

この成功を活かし、本オープンに向けてまずは石巻の生産物を学ぶべく、地元の水産加工会社である株式会社ヤマトミ・株式会社木の屋石巻水産を見学しました。私たちのとりくみに共感して下さり、商品の共同開発などの協働も始まりました。また、生産の現場を知るため、牡鹿半島の漁師の方から、石巻の漁業について深く学び、旬の海産物を使った商品開発の着想を得ました。

一方農業では、石巻の伝統ブランド米であるササニシキに注目し、無農薬ササニシキにこだわる農業生産法人「田伝《でんでん》むし」にその魅力をうかがいました。その他、地元の旬の野菜を仕入れるため、農家直売所から仕入れることになりました。石巻は本当に自然が豊かで、海の幸・山の幸の豊富さはまさに食材の宝庫です。普段暮らしていても出合うことのない魅力に出合い、改めてこのまちが好きになりました。

空間デザインでは、開放感と木のぬくもりを大事にし、落ち着いた空間を演出しつつも、コルクボード等でお客さんとのコミュニケーションのきっかけを仕掛けました。客席をスクールチェアのリメイク製品にし、メニュー表や看板を黒板にすることで高校生らしさを加えました。石巻を元気にするため、幅広い年代のお客さんが会話を楽しんでいただけるカフェを目指しました。

そして、いよいよお店の名前、「　」《かぎかっこ》の中身を決めることになりました。しかし､出した結論は「　」《かぎかっこ》のまま。何でも入る可能性や個性、原点のワクワクを忘れないようにするため、一旦完成し営業開始を迎えてもカフェをつくり続けるため、そんな思いを込めて「　」《かぎかっこ》は「　」《かぎかっこ》のままとなりました。

オープニングセレモニー

進化し続ける「　」《かぎかっこ》新しい東北をつくることを目指して

二〇一二年一一月三日、偶然にも三月一一日の逆の日付となったこの日、いしのまきカフェ「　」《かぎかっこ》が開店を迎えました。集まった関係者、オープンを心待ちにするお客さんの行列に心が震えました。「こんなに多くの方々に応援されていたんだ」「私たち高校生に、カフェにこれだけ期待してくれているんだ」自分自身が成長し、それを周りの人々に、このまちに波及させていく、「石巻を元気にするカフェ」への道が開けた実感がしました。

営業日は学校が休みの土日祝、毎回の営業で出た課題を解決しながら、同時に新しいチャレンジを続ける、このとりくみは想像以上に苦労を伴うものでした。実際にお客さんから対価を得て、プロとしてお店に立つには相応のインプットをしなければならず、高校生活の限られた時間のなかでは自力ですべてをおこなうことは不可能でした。

そんななか、ワタミ株式会社等が開催する「みんなの夢AWARD 3」への参加が決まりました。このイベントは社会起業家のビジネスプランコンテストで、優勝賞金二〇〇〇万円、その他約五〇社のサポーター企業からの協賛を獲得するチャンスがあります。高校生による地域活性のとりくみに多くの人々の関心と協力を集めるため、石巻の海産物をふんだんに使ったご当地カレーを開発し、レトルト商品化して全国販売することを発表しました。レトルト商品化のパートナーとして、サポーター企業のハウス食品株式会社を逆指名し、結果、同社を含めて、九つの企業の協賛希望をいただきました。ハウス食品株式会社のようなプロの方の協力を得ながらインプット・アウトプットをおこなうこと、これはオープン後に直面した課題を解決していく有効な手段であり、いしのまきカフェ「　」《かぎかっこ》にはその求心力があると確信しました。「石巻を元気にする」その道を一歩ずつ進んでいくための光明を見出した気持ちでした。

二〇一三年六月現在、「高校生がつくる　いしのまきカレー」と名付けられたカレーは着実に開発が進み、カフェでの試験販売も始まりました。レトルト商品化はこれからですが、石巻に新たな名物ができるのもそう遠くない将来です。被災地である東北では、今までにない形の地域づくりが求められています。いしのまきカフェ「　」《かぎかっこ》は高校生を主体に、地域活性化のとりくみを地域内外の様々な協力者を集めながらおこなう他に例を見ないとりくみです。これは、カフェ営業を通じて直接的に地域活性化をおこなうだけでなく、高校時代にこの経験をした若者が社会に巣立つこと、これこそが地域にとって一番の成果になるのではないでしょうか。数年後、新しい東北をつくるのは私たちです。

みんなの夢 AWARD3

3

気仙沼の魅力を高校生が発信する！
――「底上げ Youth」のとりくみ

小野寺彬
気仙沼高校生団体「底上げ Youth」

同じ思いを持つ仲間達

私たち「底上げ Youth」は二〇一二年九月二六日に設立しました。立ち上げのきっかけは、メンバーの一人が知り合いに被災地の案内を頼まれ港町の説明をしていた時に、魚市場などは震災後比較的すぐに復旧されたにも関わらず、観光施設はほとんど手をつけられていないと気づいたことでした。その後、気仙沼の観光客が激減していることを知り、人の生活に関わるものはすぐに復旧されたが、町の中の観光は後回しにされていると感じました。大人は今の生活を支えるので精一杯。ここは一番動ける私たち高校生が観光を盛り上げていくべきなのでは、と考えました。高校生に一体何ができるだろう、何かを直したり、作ったりすることは難しい、けれど、アイディアなら出せる！ 高校生ならではの視点で気仙沼を盛り上げたい、という思いから「底上げ Youth」は結成されました。

立ち上げ当初、メンバーは七人ほどでした。何をして良いかもわからず、みんなで集まり気仙沼について調べ、話し合いを行っていました。それはとても楽しく充実していました。思いばかりで始めた活動でしたが、活動を続けていく中でそれを知った周りの高校生がメンバーとして参加して、今では三〇人を超える高校生が「底上げ Youth」として活動をしています。

思いを形に変えるチーム

私たちは現在四つのグループに分かれて活動しています。「恋人チーム」、「フードチーム」、「お祭りチーム」、「人チーム」です。

気仙沼には、地元出身の歌人であり国文学者である「落合直文」が「砂の上に わが恋人の 名をかけば 波のよせきて かげもとどめず」という短歌において、「恋人」という現代語訳を近代短歌史上初めて使用し

初の卒業生を迎えた卒業パーティー。多くの保護者もかけつけてくれました

て世に広めたという歴史があります。そこで「恋人チーム」は、恋人という言葉の発祥の地である気仙沼市内の名所に、高校生なりの視点でオリジナルのラブストーリー、ジンクスを加えて、観光リーフレットの作成を行っています。現在はvol. 1、vol. 2と合計一万四六〇〇部発行し、近々vol. 3も完成する予定です。完成したリーフレットは、仮設店舗など市内のお店や他県のイベントに置いてもらっています。リーフレットを見てくれている人を見るととても嬉しい気持ちになります。また、観光リーフレットにまとめた場所を巡る恋人ツアーを実施しています。今後もリーフレットの作成と、ツアーの実施を定期的に行っていきます。

観光リーフレット『気仙沼恋人スポット』
紙質にもこだわっています

今では市内 20 ヵ所以上でリーフレットを手にすることができます

独特な風味の「あざら」。
調理法によって美味しさがアップします

「フードチーム」は、気仙沼市の郷土料理である「あざら」が町の文化として薄れてきていると感じ、もっと若い人たちにも食べてもらえるように工夫しています。「あざら」とは白菜の古漬けを酒粕とメヌケという赤魚で煮込んだ料理です。独特な見た目と匂いから、苦手だという人も多くいます。まず地域の方に「あざら」の作り方を教わり、自分達で「あざら」を作り、小さい子どもなどにも食べてもらうことができるように、食べやすい「あざら」の調理法や、「あざら」を使った新しいメニューを考えています。

「お祭りチーム」は、気仙沼で一番大きいお祭りである「みなと祭り」を、地元の人たちが当たり前だと思わずにその伝統や歴史をより詳しく知ってもらって、気仙沼の外の人にも誇れる素晴らしい文化であることを感じてもらいたいと思い、「みなと祭り」の歴史や伝統をまとめたうちわを作成しようと活動しています。

「人チーム」は、気仙沼の地域の人にインタビューをして、その人の写真を中心としたフリーペーパーを作成しています。町を作っているのは場所や文化だけでなく、気仙沼の「人」が大切なのだという思いを大切にしながら、少しでも多くの方に気仙沼の人を知ってもらえるようにフリーペーパーに情報をまとめ他地域で配布していくことができるように活動しています。

「みなと祭り」のうちわ

「底上げ Youth」のフェイスブックのページを作り、活動内容やリーフレットを置いてくださるお店の情報を紹介するようにしてから、よりたくさんの方々から応援の声をいただけるようになりました。イベントへのお誘いや取材のお話などもいただけるようになりました。「底上げ Youth」を結成した当初の頃を思うと、少しずつ成長できているという自信をもつことができています。

私自身が感じた変化

「底上げ Youth」はみんなとても個性のある面白くて濃いメンバーばかりですが、メンバー同士がお互いを「否定しないこと」を大切にして、思ったことを素直に話し合うことができています。また一人ひとり、活動に関する思いや考えは違いますが、全員が共通して根本にもっている思いは、「気仙沼が好き」というものです。「底上げ Youth」に入る前は、気仙沼のことが嫌いだというメンバーもいましたが、「底上げ Youth」に入って気仙沼のことを知るにつれて自分の町の魅力に気付き、地元に自信をもてるようになり、気仙沼が好きになっていきました。気仙沼が嫌いと言っていたそのメンバーも、今では世界一地元が好きな女子高生になると宣言しています。活動の中で、気仙沼の魅力について考え、それを仲間と話し合ったり、地域の人にインタビューしたり、恋人ツアーを実施して、実際に地域に触れてきたからこその変化だと思います。

気仙沼では若者離れが深刻な問題となっています。気仙沼に大学がないこともありますが、田舎だからはやく出ていきたい、と思う人も多いです。自分が生まれ育った町が当たり前すぎて、気仙沼の本当の魅力に気づかないまま地元を離れてしまう人が多くいます。私は、地元の良さを知れば、気仙沼で働きたい、気仙沼に戻ってきたい、と思う人は増えてくると思います。これからの気仙沼のためにも、高校生である私たち自身が「底上げ Youth」として活動することによって、周りの高校生も気仙沼の良さや魅力に気付いてほしい、気仙沼を好きになってほしいと思っています。

これまで活動を続けてくる中で本当に多くの人に助けていただきました。たくさんの方々に支えられて、日々活動できていることに感謝の心を忘れず、自分達らしさを大切に、これからもみんなで気仙沼を盛り上げていきたいと思っています。

気仙沼の安波山から。私の一番大好きな気仙沼のステキな景色です

4 子どもに笑顔を！　地域に夢を！
南三陸町まちづくりプロジェクト

阿部孝文　南三陸町ボランティアサークル「ぶらんこ」
村井厚子　特定非営利活動法人 ワールド・ビジョン・ジャパン

南三陸町ボランティアサークル「ぶらんこ」とは

ジュニア・リーダー（以下ＪＬ）とは地域の子ども会活動や地域活動をおこなう中学生・高校生等の年少指導者で、地域で活動する青少年のボランティア団体に属しています。南三陸町では約四〇年以上前から旧志津川《しづかわ》町の〝ありんこ〟、旧歌津《うたつ》町の〝どろんこ〟というＪＬが活動し、二〇〇五年一〇月の町の合併後、南三陸町ボランティアサークル「ぶらんこ」（以下ＭＶＣぶらんこ）として活動しています。二〇一四年四月現在、三六名が登録し、地域の子ども会活動にとどまらず、宮城県内外でおこなわれるＪＬ研修会や各種事業のボランティアスタッフとして積極的に活動しています。

プロジェクトとの出会い～ＷＶＪとの連携～

二〇一一年三月一一日に発生した東日本大震災では、南三陸町は六二％の家屋が損壊するなど壊滅的な被害を受けました。ＪＬの活動拠点である志津川公民館も全壊・流失し、当初は活動再開自体も難しく、ＪＬの研修機会が減少しました。

南三陸町で震災対応支援をおこなっていたワールド・ビジョン・ジャパン（以下ＷＶＪ）より、ＪＬの研修の一環として復興計画に子どもたちの意見を反映する活動を提案されたのは、活動再開に向けて思案していた時でした。二〇一一年一一月中旬から下旬にかけて、南三陸町教育委員会において青少年育成担当者、ＪＬ育成指導担当者とＷＶＪとで、実現に向けた話し合いを重ねました。

子どもは将来を担う貴重な存在であり、地域の未来を築く未知数の潜在能力を持っています。この将来の担い手の意見を復興計画に反映させることは、地域の未来を考えていく上で欠かせないことです。またＪＬにとっても、町の復興に関わることは非常に貴重な経験になると考え、関係者でＪＬの

MVC ぶらんこ卒業式より

意思を確認しました。その結果、JL研修の一環として三者（南三陸町教育委員会、MVCぶらんこ、WVJ）の協力のもとで、下記三点を最終目標とし、「子どもに笑顔を！　地域に夢を！～南三陸町まちづくりプロジェクト～」にとりくむことになりました。

①南三陸町震災復興計画に対する子どもたちの意見をまとめ、南三陸町内の人々に発表すること。

②子どもたちからの南三陸町復興計画に対する提案として、南三陸町長に正式に提案すること。

③南三陸町内の人々に向けた発表イベントを実施すること。

ワークショップを通じた提案書の作成と提出

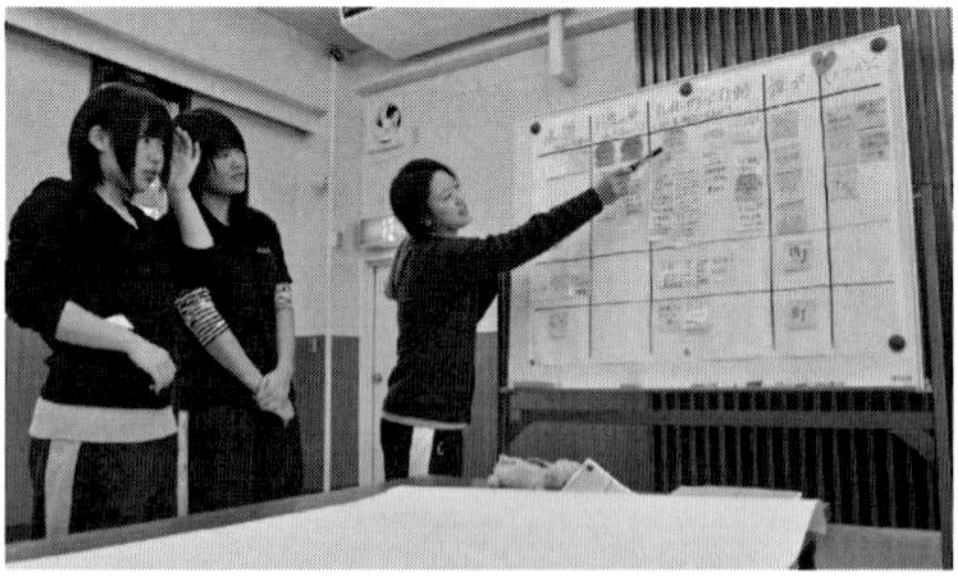

ワークショップの様子

復興計画に子どもたちの声をより多く反映させるため、まず二〇一一年一二月に南三陸町内の小中学校、高校に通う子どもたち（九一三名）にアンケート調査を実施し、うち八七五名から回答を得ました。この回答をもとに、JLが提案書作成に向けて話し合い、具体的な内容を一〇回以上のワークショップで考えていきました。

二〇一二年一月から始まったワークショップでは、まず南三陸町復興推進課（現復興事業推進課）の担当者から南三陸町復興計画の概要を説明いただき、子どもたちは復興にとりくむ行政機関の姿勢を肌で感じ、ＪＬ自身が復興計画そのものを現実のものとして受け止め、町の政策に自分たちが関わっていく意識が高まりました。

ＪＬの意見がある程度まとまった段階で、今後の町の復興計画をふまえた具体的な提案事項について南三陸町の佐藤町長に発表し、町長自身の意見を直接聞く機会をもちました。さらに南三陸町の人々と子どもたちに向けて、ＪＬが考えた提案内容について意見を集約するイベントを開催しました。できるだけＪＬ以外の方たちの意見をプロセスに反映できるよう努めつつ、提案書の内容について、アドバイザーの木下勇氏（千葉大学教授）の助言を得るなどして、さらに話し合いを重ね、以下のとおり大きく二つの内容に分けて、佐藤町長に提案しました。

◎提案書：「子どもに笑顔を、地域に夢を〜
　　　　　私たちが思い描く将来の南三陸町」

①自分たちにできること（ＭＶＣぶらんこが実行）
・地区の子ども会復活に向けた行事の手伝い
・ぶらんこ通信の復活
・交流事業の活性化

②町に要望すること（町への提案）
・つながりが増えるカフェつき公民館
・災害に強い安全な町

佐藤市長「南三陸町の復興の担い手となるのは、あなたたちです。私たちと同じ土俵で復興にとりくむパートナーとして、これからもがんばりましょう」というお話をいただきました

今、私たちにできること～実現に向けて一歩ずつ～

提案書提出については地方紙数社にも掲載され、さらに提出までの記録をまとめた報告書を通して南三陸町民のみならず多くの人々の知るところとなり、ＪＬの活動の場が広がっています。宮城県内外の「まちづくり」「子どもたちの社会活動」などのイベントや、社会教育関連の全国大会などに、ＪＬが本「まちづくりプロジェクト」の体験発表や討論会のパネリストとして招待を受け参加しています。

また「社会貢献青少年表彰」（二〇一二年度内閣府）受賞や、国連事務総長主催「水と災害に関する特別会合」（二〇一三年三月、ニューヨーク国際連合本部）では、世界各国から集う専門家を前に、世界に向けて体験発表する機会に恵まれました。

このプロジェクトを通して、ＪＬ自身が町に対する思いを新たにし、まちづくり計画の「ほんもの」を体験するまたとない機会となりました。また提案書を通して自分たちの考えを町に発信し、大人にはない子ども目線での考え方を広く印象づけました。一〇代の若い力の可能性の大きさを目の当たりにし、大人として「子どもには無理」と思う前に活躍の場を提供することの重要性を改めて感じました。

提案書の中で「ＭＶＣぶらんこが実行」と明言したことは、ＪＬが積極的にとりくんでいます。さらに復興途上にある町にあって、「町民同士のつながり（多世代交流）を増やすためにＪＬ

自身が今できることは何か」を考え、新たな活動につながりつつあります。具体的には、今般の震災体験をＪＬの立場から町内外に伝えていく「語り部」の学習や、多世代交流を促進する町内のとりくみについて調べ（町民の集まる施設を訪問し、関係者から聴き取りをおこなう）、ＪＬとしての町民及び地域への貢献方法について考えています。提案内容の実現に向け、現在も継続してとりくむＪＬの活動は、町内外で復興にとりくむ他団体の注目も集めつつあります。志津川地区まちづくり推進協議会では、子ども目線からの意見を聞く意見交換会を実施し、ＪＬの代表が招かれました。町の復興を担う一員として、ＪＬは今後も自分たちにできることにとりくんでいきます。

【参考文献】
「南三陸町とワールド・ビジョン・ジャパンによる子ども参画の事例
～南三陸町まちづくりプロジェクト」
（報告書　二〇一二年一二月一日発行）
http://www.worldvision.jp/support/pdf/machipro.pdf

国連事務総長主催「水と災害に関する特別会合」
でのスピーチの様子

5 子ども参画の復興まちづくり

木下 勇
千葉大学園芸学研究科教授

被災地の復興に子どもの声は？

3・11の東日本大震災は様々な意味で私たちの社会のあり方を根本から問い直しています。子どもの参画の面でもふだん子どもたちの声を聞く社会かどうかが、被災した子どもたちにとって将来に希望が持てるかどうかという心理面でも雲泥の差をつくります。

今回の被災地の復興では子どもの声を聞いたり、子どもが参画する復興まちづくりワークショップのとりくみが、日本ユニセフ協会やセーブ・ザ・チルドレン、ワールドビジョンといった国際NGOで行なわれています。国連子どもの権利条約という国際的なとりきめを批准していることからも、その一二条にいう子どもの意見表明権（子ども自身に影響を及ぼす事柄には子どもは意見を言う権利がある）を保障するために、当然、被災地の子どもたちが置かれている状況の改善と将来のめざすべきまちの方向にも子どもたちの声を聞く必要があります。

しかしながら、東日本大震災の被災地は広大な範囲に及び、被災の状況も自治体によって異なり、子どもの声を復興計画に生かそうとするとりくみも、先にあげた国際的ＮＧＯや関心のある支援団体が関わる範囲で、未だ部分的な動きでしかないのが実情です。

なぜ復興まちづくりに子どもの参画が必要か、というのは国際的とりくみに合わせるということだけではありません。復興の基本は人づくりに置くべきです。広い意味での教育に力を入れることが、将来の繁栄につながることは日本の歴史が示しています。被災した地域が農山漁村部も多く含むことを考えると、今までの日本の農山漁村が抱える若い世代の流出、高齢化、限界集落といった問題があり、被災を契機に一挙にそれらの問題が加速して露呈しかねません。地域にふみとどまり、またはいったん外へ出ても地域に戻ってきて地域を担う人材を育てていくことは、国土全体の均衡ある発展、持続可能な発展の上でも欠かせません。しかし、それは無理強いをしてできることではありません。若い世代にとって希望のもてる地域の未来像が描かれていなければならないのです。そういう未来をつくっていくためにも子どもたちの声を聞き、大人も一緒に理想的な未来の実現に努力することが求められます。

地域に根付いていた子どもの参加

しかし、よくみる（聞く）と、被災地には子どもが社会に参加する営みが元々根付いている地域があります。一つは郷土学習の仕組みです。特に三陸の地域はリアス式の海岸で『森は海の恋人』（畠山重篤『森は海の恋人』文藝春秋、二〇〇六年）に代表されるように、豊富な海洋資源は陸地の森によっているという認識が高まり、環境の学習も盛んです。例えば気仙沼市はＥＳＤ（持続可能な開発のための教育）を熱心にすすめ、市内のほとんどの学校がユネスコ・スクールに加盟しています。また、鹿踊り、獅子舞等の伝統芸能も継承されてきました。このような地域の中での子どもたちの学びは、子どもたちが地域の大人から引き継いで、次第に社会に参加していくプロセスとなっていました。

もう一つはジュニアリーダーの仕組みです。これは昭和三〇年代の後半に、宮城県が県立中央児童館を自然環境豊かな仙台校外の山間部に設置して子ども会のキャンプや研修の場にし、子ども会の育成の一貫の中で、ジュニアリーダーの育成をはじめたことによります。その中高校生ジュニアリーダー育成のシステムが宮城県内の市町村のみならず、全国に飛び火していきました。

最初は児童館行政と教育委員会との相乗りでジュニアリーダー育成が進められたのも画期的です。現在はジュニアリーダー担当は教育委員会の職員が担っているケースが多いですが、ジュニアリーダー担当の職員が置かれて、ユースワーカーのような役割を担ってきたことが、ジュニアリーダーの活動の継続的発展に寄与してきた大きな要因です。

被災後まもなく避難場所において中高校生のボランティアの活躍がメディアで報道されました。それらの活動の多くはジュニアリーダーの活躍です。避難場所でお年寄りが弱っている、大人も元気がない、そんな状況をみて、自分たちも家をなくし、友人を失い、津波のショックも強くありながら、誰かが言い出して仲間が集まって動きだす。ふだんのそういう活動が、行動となって表れます。例えば、石巻のげろっぱというジュニアリーダーのサークルはお年寄りの肩たたき隊をはじめ子どもや皆を元気づける「げろっぱまつり」を毎月開催し、新聞を発行し、復興への提言を市長に提出するまでの活動を行なっています。

子ども未来人サミット

被災後の半年近く経った二〇一一年九月四日に宮城県、岩手県、福島県の被災地のジュニアリーダーを中心に五五人の中・高校生が仙台に集まり、被災の体験を四名が話し、そのあとにグループに分かれてテーマ別に話しあいました（子ども未来人サミット実行委員会主催、仙台市教育委員会・子どもの笑顔元気プロジェクト共催、報告書二〇一二年発行。http://p-kai.com/）。小さい子どものケア、避難と防災、ボランティア、原発とエネルギーの問題、政府に言いたいこと等、白熱した議論が展開されました。その第二弾は二〇一二年四月二一日にいくつかの活動の報告の後に、グループ討議が同様になされました。この第二回の話し合いの場に国や県の復興担当の議員や職員が自発的に参加していた点は、集まった中高校生にとっても大きな励みとなりました。欧州では行政内で横断的に調整して政策に反映する権限をもって子どもの声を聞く「子どもコミッショナー」を置く動きがあります。ゆくゆくはそのような人材を国や県、そして市町村に置き、このような中高校生の集会（フォーラム）に同席するようなことがあれば、よりスムーズに子どもの声を聞く社会の実現に近づくことになると思います。

南三陸町でのとりくみ

国際的NGOのワールド・ビジョン・ジャパンは多方面で被災地の支援を行なっていましたが、前述の子ども未来人サミットに参加したことを契機に、筆者に復興への子ども参画の進め方についてアドバイザーを依頼してきました。具体的に集中的に支援を展開している南三陸町において、戸倉地区は小・中学校の建物が被災して、隣の登米市の廃校に子どもたちが通う通学バスの支援を行なっていることから、最初は戸倉中学校での二年生の産業に関わる総合的学習の時間でのアドバイスから進めました。事前に教頭先生やPTAへのヒアリングを行い、その結果、地域は元々は周辺に比べて漁業資源に恵まれず、先人の苦労で鮭やわかめの養殖等で漁業を盛んにしてきた地区であり、後継者育成にもつながる漁業を中心としたふるさと学習を二五年も進めてきた歴史があることがわかりました。地域の漁師さんが先生となって、子どもたちは磯遊びからシュノーケリング、最後にはスキューバダイビングまで学ぶといいます。漁港や住居の平地は壊滅的な被害を受けましたが、漁師は壊れた船を直し、中古の船を購入して、漁業が再開されてきた中で、一一月一四日のワークショップの日は、鮭の稚魚を沖の生け簀に移す作業を見るために、中学生は被災後はじめて船に乗せてもらい、海に出ました。その後の総合的学習の時間でのワークショップで、中学生は戸倉の自慢の資源を出し合い、それらの結果、キャラクター等を考えて地域を宣伝するという方向が出されました。

第二回目のワークショップは二月六日に開催され、五月の卒業旅行で長野に出向いた時の支援への感謝と町の紹介に向けて、ＣＭ作成に各グループのキャラクターグッズやぬいぐるみ等が統合される方向が出ました。その中に、ある生徒の声で「先生が得意なギターで曲をつくったら」という提案がありました。構想が大きくなっていることに躊躇している若い担任のＴ先生の背中を筆者も押してその回は終わりました。年度が変わり、中学三年生になった頃に、そのＴ先生から曲ができたとユーチューブのアドレス（http://youtu.be/Ob0ua-D9f48）とともに連絡がありました。詩は生徒との合作です。「花」というタイトルで、最後に世界のいろいろな言葉で生徒が「ありがとう」を伝えています。

このように学校との関わりが最初でしたが、筆者はアドバイスを求められた時に、ジュニアリーダーを中心として復興まちづくりに関わることを提案しました。南三陸町は一つのジュニアリーダーサークル「ぶらんこ」で構成されています。メンバーも周辺の市町村を含めて様々な仮設住宅に散ったりしていて、集まりが可能か心配されましたが、事前にジュニアリーダー担当の公民館職員や教育委員会に打診して、その方向での可能性を検討してもらいました。その結果、教育委員会側も好意的にその提案に賛同いただきました。そこで事前の準備として以下の作業にとりかかりました。

①ジュニアリーダー自身の気持ちを確認して、能動的な参画の意志を得ること。

②役所の復興担当部署に、復興まちづくりへの提案を行なうことの了解を得ること。事前にヒアリングを行い、全体構想は既に出ているので、それに対しての提案よりも、事業の具

体的なメニューの中での提案であったら可能という了解を得、ワークショップの冒頭に町の復興計画の説明を得ることで参加の承諾を得ました。

③ワークショップの参加者は限られているので、町内の子どもの意見を広く把握するためにアンケートを行なうこと。全町の小学校四、五、六年生、中学・高校一、二年生の計九〇〇名近くの回答を得ました。その結果、半数以上の子どもが参加意向を持っていることがわかりました。まちづくりへの要望では「災害に強い安全な街」、「買い物に困らない」、「漁業がさかん」「人と人とが仲良い」(上位から順に)が挙げられていました。また参加意向のある子の方が将来このまちに住みたいという意識が高いという相関も把握されました。

ジュニアリーダーのワークショップは一月から六月まで平均して月二回、週末や休日の半日や一日を割いて開かれました。途中、町長に中間報告して対談したり、三月末には町民全体に公開して演劇まじりに発表会と町民参加のワークショップを開きました。年度が変わって四月以降は、提案内要をより深め、最終提案へのまとめを行ないました。はれて六月三〇日に町長に提案書を渡して、第一期のジュニアリーダーの復興まちづくりワークショップを終えました。

ジュニアリーダーの提案内要は次の二点に集約されました。

①つながりが増えるカフェつき公民館、つながりが増える遊び場所

カフェ付き公民館、図書館の機能(資料展示コーナー)、公園

②災害に強い安全な町〜安心な町づくりのために

あわてないための避難体制、安心安全な避難場所

提案内容も提案書の言葉もすべてジュニアリーダー自ら考えたものです。途中、全体の行動計画が立てられ、構想は広がりましたが、ジュニアリーダーは全部はできないと筆者に食い下がってきました。聞くと自分たちが関われる責任の範囲で考えていることがわかりました。つまり、発想のもとに、役所に要望を出すだけというありがちな市民の態度ではなく、自分たちも○○を行なうから、行政も△△を行なってほしいという、「自ら行なう」という意識が根底にあります。ジュニアリーダー自らの行動計画では次の点が打ち出されました。

①地区の子ども会復活に向けた行事の手伝い
②ぶらんこ通信の復活
③交流事業の活発化

ワークショップをふりかえり、ジュニアリーダーは復興まちづくりを考えることは難しかったが、提案にまとめることができたことの達成感とさらなる復興まちづくりへの参加意向を強くもっていることがわかりました。ジュニアリーダーの、このような集団作業に慣れている点はもちろん、自発的な意識の高さを筆者自身も実感しました。このような仕組みが残っている地域はこのジュニアリーダー参加者を増やし、またアンケートや集会等によってジュニアリーダー以外の多くの子どもの声を拾い集めてジュニアリーダーが代弁していくような工夫をこらしていくことが、子どもの参画の復興まちづくりへの方策となるかと思います。

まとめ

以上、南三陸町では学校の総合的学習（ふるさと学習）とジュニアリーダーという仕組みを活用して、復興まちづくりへの子どもたちの参画の実践を行ない、多くの成果を得ています。ただし、復興の具現化にはまだ時間がかかり、途上でしかありません。復興には時間がかかりますが、子どもの成長は待てません。一年といえども子どもにとっては多くを吸収し成長する重要な時間です。そしてこの中高校生の時期は思春期や自我形成期といわれる、思い悩んだりしながらも自身の将来を考え出す重要な時期です。家を失い、友人を失ったりした悲しみを乗り越えて、被災した地域の現状に、将来へ希望を持って地域の復興に自身も寄与したいという思いが強いことがわかります。子どもたちが復興の担い手となって、希望がもてる未来をつくるためには大人の果たす役割も求められます。以下の点がこのケースから浮かび上がりました。

①関連事業部署に子どもたちの声を伝えて政策や事業に反映する権限を持った代弁者を行政内に置く（前述の子どもコミッショナーのようなもの）。

②日頃子どもたちと接し、子どもたちの活動を支えるユースワーカー（公民館のジュニアリーダー担当職員がさらに専門的にユースワーカーとしての専門性が認められるように）。

③多くの重い課題がある中で、子どもたちが希望が持てる未来をつくるために、先進的な情報も含めて、子どもたちに選択できる情報を提供する専門家の協力。

Ⅵ　解題

子どもの価値と潜在力の豊かさの再発見

増山 均・森本 扶・齋藤史夫

『子ども白書』とともに

震災被害は大人だけでなく、子どもたちにも大きな試練を与えました。『平成二六年版 少子化社会対策白書』（内閣府）によると、被害が大きかった岩手県、宮城県、福島県の三県において収容され、警察による検視等を終えた死者は、二〇一四年三月一一日までに一万五八一四人にのぼり、身元が判明した人は一万五七一七人で、そのうち〇～九歳は四六八人、一〇～一九歳は四二四人となっています。また、震災により親を亡くした子どもについては、震災孤児二四一人（岩手県九四名、宮城県一二六名、福島県二一名）、震災遺児一五一四人（岩手県四八八名、宮城県八七一名、福島県一五五名）となっています（二〇一四年三月一日現在）。さらに、被災地の学校から他の学校において受け入れた幼児児童生徒数は、二万三六九三人にものぼっています。加えて、被災のストレス、仮設住宅での不自由さ、放射能汚染の学校生活への影響、転出先でのなじみにくさ、津波の記憶による心の傷など、そのダメージは計り知れません。

こうした状況をふまえつつ、『子ども白書』としては、大変な困難の中であるからこそ発揮される子どもたちの主体的な力に着目しながら、子どもたちが「保護され助けられる存在」をこえて「大人を励まし勇気を与える存在」として、地域の中で主体的に活躍し、大人とともに復興への道を一歩一歩力強く歩んでいる事例を重点的に取り上げてきました。こうした子どもたちの活躍のプロセスは、被災地内外においてどのような意味をもってきたのでしょうか。四年の歩みを通して見えてくるのは、子どもの潜在力の豊かさであり、子どもという存在の尊さです。

希望としての子どもたちの姿

震災直後、避難所の大人たちを励ましたのは、子どもたちが嬉々として遊びまわる姿でした。そして子どもたちは、自発的に避難所での役割を果たし始めました。その様子がさまざまなメディアで取り上げられたことは、記憶に新しいところです。震災直後、二〇一一年三月、四月の報道記事から以下、ピックアップしてみます。

○中学生が避難所でのお手伝いを皮切りに、倒壊した学校から教科書や図書を集めて、臨時の「学校」や「図書館」をつくっていったという例（福島県相馬市「朝日新聞」三月一九日）

○子どもたちがボランティアの大学生とともに、Q＆A情報コーナーを運営したり、食料配給・

ごみ処理などのお手伝いをしたりして活躍したという例（宮城県多賀城市　ＮＨＫ「あさイチ」三月二二日）
○小学生が「肩もみ隊」を結成してお年寄りたちを和ませたという例（岩手県山田町「産経ニュース」三月二三日）
○自閉症の中学二年生が特技のピアノ演奏で、毎朝、避難所の人々を癒した（ラジオ体操の伴奏をしたり、子どもからのリクエストに応えたり）という例（宮城県女川町「ＮＨＫニュース」三月二六日）
○一時約一八〇〇人が身を寄せた大規模避難所で、小中学生と大学生が支援物資の仕分けや配膳・水くみ・トイレ掃除などの切り盛りをおこない、「欠かせない存在」になったという例（宮城県石巻市「朝日新聞」四月五日）
○被災した暴走族のメンバーたちが、普段から居場所にしていた寺の住職の勧めもあって暴走族を解散し、ボランティアチームとして活動することを宣言したという例（茨城県大洗町「asahi.com」四月一九日）
など、その他にもたくさん報道されました。

なかでも、宮城県気仙沼市気仙沼小学校避難所での「ファイト新聞」のとりくみは特に目を引きました。避難している人々が明るい気持ちになれるようにと、小中学生有志が壁新聞を創刊したとりくみです。その日の楽しかったことだけを選んで記事にする、という方針のもと、お風呂に入れて気持ちよかったこと、散歩をして楽しかったこと、食事に牛丼が登場したり物資が届いたりしてうれしかったことなど、避難所での日々のちょっとした明るいニュースを、カラフルな絵を交えて紹介していました。一か月ほど経つと、小さな「新聞記者」たちは、炊き出しに来た人などに取材活動をするようになり、さらには、彼らを取材に来た人を逆取材することもあったそうです。大人たちの「面白い、いつも見てて楽しいよ」、「勇気づけられる」、「子どもたちの方が前向きですね」といった言葉に支えられながら、なんと五〇号（七月三日）まで続いた「ファイト新聞」。最終号につづられた「生きてきたなかで、いちばん密度が濃かった」というメンバーの一人の言葉は、とても印象的です（「asahi.com」四月一五日、「河北新報」七月四日、『宮城県気仙沼発！ファイト新聞』河出書房新社、二〇一一年 参照）。

災害のなかでの子どもというと、「保護され助けられる存在」としてとらえられるのが普通です。しかし、今回の震災では、上記のように、「大人を励まし勇気を与える存在」としての子どもが多くクローズアップされたという特徴がありました。

人々のつながりの深い地域性ゆえ、普段から大人と子どもが身近に接する関係があったのかもしれませんが、皮肉にも、学校教育のシステムが破壊されたことにより、避難生活の中で子どもたちの自主性が発揮され、自治的活動を展開する機会が生まれました。同時に地域の人々との交流の機会がつくられ、コミュニティの重要な構成員として認められたのです。避難所において子どもたちが示した行動力の背景には、「手伝いでも何でも、何かしていないと自分を保てない」、「何か役割があると後ろ向きにならずにすむ」というような複雑な心情もうかがえます。切実な感情をベースにした「子どもの参画」といえるものですが、震災の中で子どもたちが示した姿は、学校内外の教育活動において、子どもの潜在力に信頼を寄せ、自主的・自治的集団活動、社会参加活動の機会をもっともっと保障すべきことを問いかけています。

子どもたちの行動力は、周りの大人たちを身体の底から励ましました。「大切な人、もの、風景、記憶」を失くし、絶望に似た虚無感、際限のない不安感、もがくような焦燥感にさいなまれる大人たちに、何もかもを「リセット」したい気持ちをぐっと耐える力、震災の現実を受け入れる力、そして一歩前に足を踏み出す力を与えたことでしょう。そして、子どもたちの活躍の姿を通して、われわれは、「リセット」できない現実からスタートする大切さを学んだのです。

遊びと文化の力を見直す――セーフティネットともなる遊びと文化

今回の震災では、子どもたちにとって遊びの大切さ、文化の持つ力が発揮されたことが一つの特徴でした。

東日本大震災の直後から、子どもたちの日々の生活に必要な食料や衣料などが全国から届けられましたが、同時に、遊びや文化も大切にされ、子どもや若者に人気の俳優や歌手たちもいち早く駆けつけました。その中には、日ごろから子どもたちと遊びの活動やアート・セラピーなどの実践にとりくんでいる人たちもいて、大きな力を発揮しました。

子どもに絵を描いてもらうことも、場合によっては再び子どもを傷つけることになると末永さんは言います。長年にわたって、アートセラピーの活動を研究し、続け、専門家を育ててきたことで、いざというときに迅速に専門家を送り、子どもの気持ちに寄り添った繊細な支援ができるのだと思います。遊びについても、全国の思いを持った人たちから寄せられたおもちゃが、ともすれば大量に活用されないこともあると言います。馬場さんたちは、長年にわたってグッド・トイを選び、子どもたちと遊ぶ専門家を育ててきたために、おもちゃとともに遊び方をとどけることができました。そのことが、おもちゃを届けるとともに子どもたちが自分で遊ぶ力を回復することにつながっています。

天野さんのお話からは、時には大人が目をしかめるような子どもの遊びの中に、子どもたちが自分自身を癒していく大きな力が秘められていることを教えられます。「津波だーっ‼」の声に一斉に逃げ斜面を駆け上がるなど、大人にとっては記憶を思い起こされ、つらい思いを呼び戻されることかもしれません。大人ならば自分の整理しきれない思いを言葉で表現できますが、子どもたちは言葉にならない気持ちを絵や遊びという形で整理し前に向かう力を取り戻していったのです。

同時に、今回の多くの被災地では、子どもたちの遊びが騒音としてではなく、大人たちへの励ましとして受け止められたことも印象的でした。今、地域によっては子どもたちの遊び声が騒音とされ、遊ぶことを自粛している公園、園児が一斉に園庭に出ることができない保育所や幼稚園もあります。しかし、日ごろから子どもを大切にし、ともに暮らしている地域では、子どもたちのにぎやかな声が大人の前へ向かう姿勢を励ましました。

遊びや文化を日常生活に根付かせ、日ごろから子どもの遊び声があふれる地域を作ることが、実は危機の時にはセーフティネットとなり、子どもだけでなく大人も助けられることとなるのです。

子どもの権利としての「遊び・文化・芸術活動」の意義

震災の中での子どもたちのとりくみは、国連子どもの権利委員会が近年発表した「ジェネラルコメント（一般的意見・概括的解説）第一七号」（二〇一三年四月一七日）の指摘を惹起させます。そこでは、第五三パラグラフを「紛争、人道的災害および自然災害の状況下にある子ども」にあて、以下のとおり指摘しています。

第三一条に定められた諸権利は、紛争または災害の状況にあっては、食糧、避難所および医薬品の提供よりも低い優先順位しか与えられないことが多い。しかしながら、このような状況において、遊び、レクリエーションおよび文化的活動の機会は、子どもたちが喪失、混乱およびトラウマを経験した後に平常感および喜びの感覚を回復するのを援助するうえで重要な治療的・リハビリテーション的役割を果たしうる。遊び、音楽、詩または演劇は、難民である子どもおよび死別、暴力、虐待または搾取を経験した子どもが、たとえば情緒的苦痛を克服し、かつ自分自身の生活に対するコントロールを取り戻すことを援助しうる。このような活動は、アイデンティティの感覚を回復し、子どもたちが自分の身に起きた出来事を意味づけるのに役立ち、かつ子どもたちがおかしさと楽しみを経験できるようにしうる可能性があるのである。文化的・芸術的活動ならびに遊びおよびレクリエーションへの参加は、子どもたちに対し、経験を共有し、人格的価値の感覚および自尊心を再構築し、自分なりの創造性を模索し、かつ、結びつきおよび所属の感覚を獲得する機会を提供することにつながる。遊ぶための環境はまた、紛争の有害な影響に苦しんでいる子どもたちをモニタリング担当者が特定する機会も提供してくれる。（平野裕二訳）

被災地だけではなく、日本の子どもたちに、十分な遊びと文化の時間を保障することが、重要な課題になっています。文部科学省の「脱ゆとり路線」によって、学校教育が「学力」重視に転じてから、教科書が厚くなって授業時間が増えています。子どもの放課後の時間が減少し、子どもたち自身でつくる地域生活や仲間との遊びや文化活動の意義が軽視されています。

加藤さんが、自らの被災体験の中でのわが子との経験と、被災地の子どものとりくみをふまえて、「今こそ児童文化の力を」と呼びかけています。「自らの意思でさまざまな児童文化活動を選択することは、子どもにとって『〜のために』行う行為から脱して主体的意思で行動を選択する事を獲得・回復する行為」だと指摘していますが、主体的意思の取りもどしにとって遊び・文化が果す役割は不可欠であることを再確認しておきたいと思います。

表現すること・感謝を伝える子どもたち

今回の震災は、子どもたちが言葉や絵や演劇などを通じて、自分たちの気持ちや思いを形にして表現することを支えることの大切さを知る機会となりました。無理やり表現を引き出すのではなく、時間を共にし、安心できる空間・共感できる空間をつくり、子どもの中から表現しようという気持ちが湧いてくるのを待ち、その気持ちを表すことを援助する姿勢が大切なのでしょう。その過程を通じて、つらい気持ちを乗り越えて一歩進む力が湧いてくる姿が多数みられました。

金谷さんの「紙芝居」の報告にあるように、子どもたちは表現したいという気持ちを抱えています。子どもたちの自己表現への欲求は前谷さんに書いていただいたように、一歩進んで、被災地からの感謝をミュージカルという芸術の形で伝える試みに発展しました。被災地の人たちの現状と思いを知り、感謝を表す思いの中から創られたミュージカルは、逆に被災地外の人たちの心を動かし、感動を呼んだことと思います。

演劇の専門家による支えがあったからこそでしょうが、表現者としての子どもの発見もあったと菅野さんは言います。現状を受け止め、それを整理し、体験と思いを演劇という形で伝えるまで伸びる力が子どもたちにはありました。また、被災しなかった高校生も、自分たちなりにこの現状をどうとらえ、被災地の子どもたちとどう思いをつなげていくのかと真摯に問いかける演劇もありました。

子どもたちの自分を表現する力は、被災地の中だけでなく、さらには被災地とそれ以外の地域の人たちとを、つなげる役割を果たすことができるのです。

学びを通して自らを再生する子どもたち

子どもたちの心を癒し、前向きな姿勢を取り戻させたのは、遊びや表現活動だけではありません。震災をきっかけに子どもたちは、自らの現状や将来に不安を感じながら、また、親や家族の焦りや苛立ちを感じとりながら、さらに、自らの地域が受けたダメージを慮りながら、さまざまな問いを自らの胸中に抱えることになったでしょう。家族のこと、友達のこと、学校のこと、受験のこと、地域のこと、地震のこと、津波のこと、原発のこと、放射能のこと…。遊びや表現活動だけでは解消しきれないこうした問いに、子どもたち自身が、学習活動という形で向き合っていく試みが少なからず確認されました。

大橋さんは、寄り添い型の学習サポートをおこなうことが、被災者の二極化の問題、とりわけ取り残されていく家庭の不安の影響を受ける子どもたちのケアや意欲の回復につながっていくと言います。学びを取り戻すことは、震災による生活困窮がもたらす社会的排除の構造をくいとめる、セーフティネットの役割を果たすことを教えられます。

井口さんや八幡さんの報告では、子どもたちが、地域の産業や自然の恵みを体験することを通して、震災のダメージをのりこえ、復興の問題を「自分ごと」にしていく様子がうかがわれます。地域の大人たちも、子どもたちに触発されるように、地域のかけがえなさを学びあっています。地域再生は、こうした暮らしに深くねざした学びに支えられていくはずです。

子どもたち、とりわけ若者世代が、明確な問題意識をもって、震災の教訓を深める学習活動を牽引していることも見逃せません。長島さんは、被災と放射能被害によって、自分の地元が壊れていく事態を目の当たりにしました。このことは、ある意味で自分が壊れていくことでもあったでしょう。そしてその衝撃を、確かなまなざしによって学びの動機に変換し、「仮設住宅の孤独や風評被害やコミュニティの崩壊」といった社会構造上の矛盾を追究したり、被ばく体験を未来へ引き継ぐことの意義を探求したりしています。

復興支援活動を広げていった塚田さんらのとりくみは、被災地外の若者の力を復興支援に生かしていったという意義のみならず、塚田さんら自身が活動を通して、自らのアイデンティティを形成する学びをおこなっていることがうかがえます。「災害はまた日本を襲います。その時のために、防災や減災や、実際に災害が起きた後に動き出す体制を整えることが重要」という文章からは、震災を「自分（ら）ごと」としてとらえきっていく覚悟が確立していることを感じさせます。

自らを再生・創造する学びの切実なる力強さこそ、若者たるゆえんであり、未来の社会を創る原動力です。われわれは、この力強さに学び、自らを、そして自らの社会をとらえ直したいものです。

地域づくりの担い手として信頼される子どもたち

避難所での活動を通して、子どもたちは、社会の中で自分の役割があるということを実感し、社会の一員としての自己を確認することになりました。さらに大人の側も、彼らが社会の一員であることを実感する機会になったにちがいありません。実際、震災後、新たな地域づくりが求められた被災地において、子どもたちが地域づくりに積極的に参画し、大人が彼らを信頼して支えていく、という事例が数多くみられるようになりました。

たとえば、津田さんが紹介している「子どもまちづくりクラブ」の活動は、現在少しずつ成果を上げはじめています。この活動は、公益社団法人セーブ・ザ・チルドレンの復興支援の一環として、岩手県山田町、陸前高田市、宮城県石巻市の三地域で二〇一一年六月下旬からとりくまれてきました。山田町では、町のコンパクトシティ構想の中に、子どもたちの地域づくりの構想が加えられました。また、特産品であるまつたけとしいたけをミックスした〝まつしい〟というイメージキャラクターを創り出し、まちを盛り上げています。陸前高田市では、新聞・ラジオを使って子どもや住民の声を発信し、市長・副市長・市議会議長に子どもの意見を届ける「進め！高田っ子！まちづくりトーク」というイベントを開催しました。石巻市では、「石巻の活性化のために中高生が中心となってつくり・運営する施設。みんなが過ごしやすく、子どもの想いを世間の人たちに伝えられる場所」をコンセプトに、子どもたちが企画・デザインした児童館「石巻市子どもセンター」が、二〇一四年一月一九日にオープンしました。

宮城県や岩手県は歴史的にジュニア・リーダー（子ども会活動などの地域活動における中・高校生の年少指導者）の活動が盛んで、地域の祭りや行事、伝統芸能などの継承活動に参加している子どもたちも多い土地柄でした。右記の事例は、このような既存の参加型の段階から一歩進み、ワークショップやスタディーツアー、地域住民への報告会やヒアリング調査などを通して、子どもたちが地域課題に対して主体的にその原因を考え、解決にむけて何をしたらよいか調べ、解決策を企画して実践している、いわゆる参画型のとりくみです。ファシリテーターやコーディネーターのサポートが前提となっていることを見逃してはいけませんが、そうであるにしても、子どもたちも地域の一員として参画する意志と能力があることを明確に証明したという点で、被災地域の未来を担う世代が着々と形成されていることがうかがわれます。住民や行政職員も子どもたちへの信頼感をベースに、じっくりと時間をかけて彼らと向き合っています。子どもの権利条約の精神を体現した、大人と子どもの新しい関係づくりが始まっている姿を読みとることができます。

地域の歴史や生活文化をとらえ直す機会に

被災地では、未来にむけて新たな地域づくりが目指される一方で、地域の歴史や地域に根づいた生活文化をいかに守り伝えるかという課題がクローズアップされています。当たり前に存在した「人、もの、風景、記憶」を突然失くし、地域が否応なく分断・再編されていく中で、改めて地域の歴史や生活文化の価値がとらえ直されているのでしょう。そしてこうした地域のとらえ直しが、地元の魅力を発信しようとする子どもたち主体の活動をきっかけに、大人も巻き込んでより本格化していく、というケースが見られます。

たとえば、金子さんが紹介した「高校生がつくるいしのまきカフェ「」《かぎかっこ》」は、宮城県石巻市の高校生がゼロからコミュニティカフェをつくり運営するというとりくみですが、オープンにむけての過程で、石巻の特色（＝魅力）をいかしたカフェづくりが目指されました。石巻の特産物を使った商品開発を追求するために、地元の水産会社や農業生産法人の人から石巻の漁業や農業について深く学び、その結果、石巻が誇るくじら、さんま、さばなどの海の幸やサンニシキ、新鮮な野菜など、地元のものを使った手作りのメニューが考案され、石巻の新たな名物となっています。

小野寺さんが紹介している「気仙沼高校生団体『底上げ Youth』」は、気仙沼を高校生ならではの視点で観光地として盛り上げたい、という思いからアイデアを出し合うとりくみです。気仙沼の歴史、郷土料理、伝統文化などを掘り起こし、リーフレットやフリーペーパーを作成して、地元の魅力を発信しています。地域内外からの評判もよく、彼ら自身が地元に自信をもつきっかけにもなっているようです。

そもそも三陸の地域では、豊富な海洋資源を継承し漁業後継者を育成していくために、地域での「ふるさと学習」が積極的におこなわれてきた経緯がありました。宮城県南三陸町内の旧志津川町地区では、学校の課外活動の位置づけで町民が先生となって地域の仕事・歴史・文化などを子どもたち（小学六年生）に教える、「ふるさと学習会」の活動が二五年も続いていました。二〇一二年六月にスタートした「南三陸町ふるさと学習会」は、この「ふるさと学習会」の歴史を参考に、学習の機会・内容を大幅に拡大してリニューアルさせたものです（二〇一三年九月より「南三陸町わらすこ探検隊」と名称変更）。木下さんが紹介している「南三陸町まちづくりプロジェクト」でのワークショップが、このリニューアルのきっかけとなりました。町民が先生となることはそのままに、対象を小学生全学年に広げ、月二回、南三陸町の海、山、川、工場、市場、体育館、商店街、企業をフィールドに参加型講座をおこなっています。子どもたちは講座の終わりに、デジカメで撮影した写真を添えて簡単な新聞を作ります。自然観察、遊びプログラム、キャンプ、農業体験、職場体験、工場見学、化学実験、伝統工芸品づくりなど、これまで七〇回以上の参加型講座が開かれてきました（南三陸町復興推進ネットワーク（373NET）のHP（http://www.373net.org/）参照）。

こうした地元地域をとらえ直す動きの何より重要な意義は、大人と子どもが助け合いながら地域の暮らしを取り戻し、地域の主体性・自立性を、震災前よりも力強く再生させている点です。これらのとりくみは、現政権によって進められている、「郷土を愛する心」を愛国心とともに刷り込もうとするような「ふるさとづくり」への政策的誘導をのりこえています。持続可能な地域はこのようにして実現していくのではないでしょうか。

〝マイメディア〟によって広がる子どもネットワーク

東日本大震災の復興支援において、阪神・淡路大震災の時と決定的に違うことは、一九九五年当時に比べて格段に進化し普及しているインターネットの力が、様々なネットワーク形成を容易にしていることです。ＮＰＯやＮＧＯなどの市民セクター・諸団体は、社会的認知度を高めること自体が活動の重要な柱なので、今やネットによる情報の受発信をおこなわない団体はほとんど見当たりません。また、子どもたちも今や当たり前のようにネットを使ったコミュニケーションに慣れ親しんでいます。実際、これまで紹介してきたほぼすべての事例において、子どもたちは、何らかのＳＮＳツールを使った情報の受発信をおこなっています。そのため、日々活動の内容が写真や動画とともにプライベート感をともなって紹介されており、地域づくりの活動や地元の魅力を発信する活動が、被災地内外の子どもにとって非常に身近なものになり、賛同者や新たなメンバーが増加しやすくなっているのです。つまり、広域媒体であるマスメディアに対して、個人の情報発信媒体としての〝マイメディア〟が復興支援のあり方を劇的に変えているのです。

　たとえば、「高校生がつくるいしのまきカフェ「　」《かぎかっこ》」の活動は、ＨＰ、ブログ、フェイスブック、ツイッターでそれぞれ紹介されていて、団体概要やカフェづくりの経緯、カフェのメニューなどはＨＰで、日々の活動紹介や出来事紹介、賛同団体との交流などはフェイスブックで、その中で特筆すべき出来事に関してはブログにまとめてアップされ、さらに、メンバーによる日々の何気ない会話、お客さんとの会話、喫緊の宣伝などはツイッターで、という発信形式をとっています。そのことによって、被災地内外での認知度を高め、カフェ運営活動にとどまらず、ＡＫＢ48などの有名人や賛同団体とのコラボレーション企画、被災地外での学習会やイベント参加など、活動の幅がどんどん広がっています。

太田さんが紹介している「石巻日日こども新聞」のとりくみは、情報発信自体を目的としたものです。最初は新聞メディアのみでしたが、その新聞づくりの過程も含めてフェイスブックやツイッターで発信し、賛同者や協力者が増えることによって、「石巻日日こどもラジオ」、「石巻日日こどもテレビ」といった新しいコンテンツの誕生につながっています。そしてそうしたコンテンツはユーチューブでいつでもみられるようになっています。石巻ではこの他にも、中高校生が企画・運営して石巻の魅力を広く伝えていこうというインターネット番組「くじらステーション」も注目を集めています。

被災地外の若者たちが、関東・東海・関西を拠点に、東北への旅行ツアーの実施、フリーペーパーの発行、復興支援イベントの実施などをおこなう、一〇代の復興支援団体「Teen for 3・11」のとりくみを塚田さんが紹介しましたが、このような地方をこえた団体ができあがるのも、彼らが〝マイメディア〟を駆使して情報を発信しているからです。

学校的な学びに背を向け、社会に無関心な子どもたちが増えているといわれています。SNSツールがそのことを助長しているかのようにとらえられがちですが、右記の活動にみるように、むしろ大人が目を向けることを怠っている社会的な重要課題に対してアンテナをはり、主体的なアクションを起こす子どもたちが、〝マイメディア〟を通じて数多く生まれ、互いにつながっている現実があるのです。子どもが社会に参画するために必要な情報や役割は大人から与えられるばかりではなく、子どもたち自身がゼロから創り出していけるものでもあることが示されており、そこに「子どもの参画」の方法論の新たな可能性を見ることができます。

未来に向けて

震災後の困難な避難生活の中で活躍する子どもたちの姿から積極的な側面を学ぶことは大切ですが、子どもたちが示している活動的な姿を楽観的に見てはならないでしょう。

「秋田魁新報」三月二〇日付に、宮城県東松島市のある中学校で震災直後「中学生ボランティア」として活躍するA君の記事が載っていました。A君は家族の遺体が発見され、身元確認を終えるとすぐに自主的にボランティアを申し出ました。「無理をするな」と気遣う教師の声を振り払い「死んだ家族ためにもがんばらないと…」と避難所での掃除や配膳の仕事に打ち込みました。記事には「何かを振り払うように作業に没頭するA君の姿を見て、中学生たちのボランティアの輪がひろがっていった」とあります。

積極的な活躍の裏に潜む深い心の傷を見つめ、今後の生活と教育・子育ての中で、子どもたち自身が時間をかけて癒していく課題があることも看過できません。トラウマとストレスの問題を研究してきた宮地尚子氏は東日本大震災をめぐる諸問題を取り上げた中で「被災しながらの支援は体力や気力を消耗させますが、同時に自己コントロール感や自己効力感を取り戻し、喪失感や無力感、罪悪感に襲われることから自分を守ることができます。今すべきことに集中し、活動しつづけることで、徐々に痛みが和らいでいくこともあります。ただ気力が続かなくなった時、棚上げにしていた過去が一気に押し寄せてきて、激しい喪失反応や遅発性のトラウマ反応をもたらすこともあります」（『震災トラウマと復興ストレス』岩波ブックレット）と指摘しています。

子どもたちの積極的な活動や活躍の裏にある心の傷やストレスを見つめ、長期にわたって心のケアにとりくむ体制づくりが求められています。ＰＴＳＤ（心的外傷後ストレス障害）への精神保健的なケアの必要性とともに、家族と死別した子どもたちへの生活保障と教育機会の保障など、社会福祉的支援が欠かせない課題です。

震災の復興は未だ道半ばです。被災地では今もなお、多くの住民が仮設住宅暮らしを強いられています。県外避難も含めた全避難者数は二〇一四年一二月時点で二八万七七〇九人です（復興庁まとめ）。また、放射能汚染の問題は長期化と複雑化の一途をたどっており、福島県の避難者数は約一三万人もいます。地域づくりや地域発信のとりくみで福島県でのものが比較的少ないのは、地域社会自体が分断されている現状があるからでしょう。

有識者らでつくる民間研究機関「日本創生会議」（座長・増田寛也元総務相）は、独自の試算により、二〇四〇年までに二〇～三九歳の若年女性が半減し、行政機能の維持が難しくなるとみられる自治体を「消滅可能性自治体」として公表しました。それによると、岩手、宮城県沿岸部の被災地自治体の多くが該当しています（福島県内は原発事故の影響で推計困難として対象外）。子ども主体の活動がとても盛んな石巻市も「消滅可能性自治体」です。

巨視的にいうと、東日本大震災は、グローバル化にともなって進展する中央（東京）と地方（東北）の搾取と支配の関係を、非常に先鋭的な形で浮かび上がらせた出来事でした。にもかかわらず、国の復興政策の視線は中央よりで、古めかしい公共事業依存型の事業が大部分を占め、被災者も少なからずそれを受け入れています。人口減と高齢化が一気に進む東北において、めざすべき復興のビジョンは、この長年の搾取と支配の関係を変革することであるはずです。具体的には、大都市が人材・物質循環において、地方に対して格差を前提に安易に依存している実態をいかに変えていけるか。そして、特に次代を担う子どもたちの生活基盤を、雇用も含めていかに整備することができるか。それらを実現するための制度や組織はどうすればつくることができるか。そしてこうした変革のプロセスにいかにして住民が参画していけるか、ということでしょう。そうであるからこそいま最も大切なのは、暮らしや生業を根底から再考し、未来社会をデザインすることであり、そのために地域の子ども・若者たちの声に耳を傾ける必要があるのです。子育て・子育ちを通した被災地地域の自治の確立を支えることが今まさに求められています。

おわりに

四年目の3・11が近づいてくる二〇一四年末、私たちは、四冊の『子ども白書』で特集した子どもたちの姿や、子どもたちのために各地から駆けつけた人々の姿と活動を再度読み直し、これからの子どもと日本の未来のためにその教訓を整理して残すことの必要性を強く認識しました。

二〇一一年三月一一日、それぞれ被災地からは離れた場所で震災を体験した私たちは、時々刻々と伝えられる巨大な津波の脅威や被害の深刻さに言葉を失いました。例年三月に、『子ども白書』は、その年のテーマを立てて編集の基本方針を確定し、七月末の発行に向けて執筆依頼に入ります。被害の深刻さが次々と明らかになる一方、その危機の中に希望を切り拓く子どもたちの姿に、『子ども白書』がこの姿を伝えないわけにはいかないと、緊急に〈東日本大震災と子どもの未来〉の追加テーマを立て編集を開始しました。

震災後の混乱の中で、自らが被災者であったり、支援の最先端に立っている多くの方々が、その困難と多忙さの中にもかかわらず、編集委員会からの提起にこたえて玉稿をお寄せいただき、インタビューに答える時間を割いてくださいました。今回、この本にまとめるにあたり、再度皆さんの文章を読みなおし、これらを毎年の白書に収載したままにしておくのではなく、私たちが子ども観を見直し、日本の未来をどのように創造していくのかを根本から考えるために、再構成して伝えなければならない使命を痛感しました。

3・11は、東日本太平洋岸の全域を襲う巨大な津波による被害に加え、福島第一原発の四つの原子炉が同時に電源喪失に至るという人類がかつて体験したことのない危機でした。しかし、その危機の中、子どもたちには、危機を受け止め、地域を支え、明日に向かって動き出す姿がありました。

四年間の白書には、本書で紹介した以外にも「震災後の子どもの生活と課題」「放射能汚染のひろがりと子どもの未来」など、重要なテーマで多数の寄稿をいただいています。

第二次大戦の爆撃をはじめ、洪水・竜巻・地震などの大惨事の時には人々はパニックになり野蛮になるというイメージとは違い、綿密な社会的調査の結果、そのような時には世界中どこでも「緊迫した状況の中で誰もが利他的になり、自身や身内のみならず隣人や見も知らぬ人々に対してさえ、まず思いやりを示す」ということがわかっています（『災害ユートピア――なぜそのとき特別な共同体が立ち上がるのか』レベッカ・ソルニット著・高月園子訳、亜紀書房、二〇一〇年、一〇～一一頁）。

そして「災害は、世の中がどんなふうに変われるか――あの希望の力強さ、気前の良さ、あの結束の固さ――を浮き彫りにする。相互扶助がもともとわたしたちの中にある主義であり、市民社会が舞台の袖で出番を待つ何かであることを教えてくれる」のだといいます。そして、「わたしたちがすべきことは、門扉の向こうに見える可能性を認知し、それらを日々の領域に引き込むよう努力すること」なのです（同書、四三九〜四四〇頁）。日本の子どもたちが見せた希望は、世界に共通する人間の本質を垣間見せ、新しい社会を構想するヒントだったのではないでしょうか。

大震災で発見した子どもの力・希望・可能性は、『子ども白書』そのものにも力を与えてくれました。二〇一四年版白書は「発信する子ども・若者たち」をテーマに、被災地以外でも子ども・若者たちが力を発揮し動き始めている姿を、当事者から語ってもらいました。

本書に収録した記録および論文の初出は下記のとおりです。

○グラビア　わが町志津川を映し続けて（佐藤信一）二〇一一年版
○グラビア　南三陸町・志津川のこの1年（佐藤信一）二〇一二年版
○グラビア　仙台・海岸公園冒険広場のこの1年（根本暁生）二〇一二年版
○巨大地震にとり囲まれて（根本暁生／森本扶・増山均）二〇一一年版
○「その後」のとりくみをふりかえって――遊び場の力を信じながら（根本暁生）今回書き下ろし
○子どもたちは絵を描きながら自ら心を癒す（末永蒼生）二〇一一年版
○被災地に「遊び場」をつくること（天野秀昭）二〇一一年版
○被災地の子どもたちに笑顔を――心のケアを行う「あそび支援隊」の取り組み（馬場清）二〇一一年版
○遊びは「生きる力」と「感謝の心」を育む（田中雅子）二〇一二年版

○児童文化の力と被災地の子どもたち（加藤 理）二〇一一年版
○被災地の子どもたちの作った紙芝居（金谷邦彦）二〇一二年版
○子どもの声に耳を傾け、共に未来への希望を紡ぐ（白木次男）二〇一三年版
○ミュージカル「とびだす一〇〇通りのありがとう」が被災地に残したもの（前谷ヤイ子）二〇一二年版
○3・11から未来へ　福島・東京の高校生のメッセージ　被災地の舞台芸術家を支援する事業として（菅野直子）二〇一二年版
○石巻日日こども新聞　発信力は生きる力（太田倫子）二〇一四年版
○二年間にわたる被災地での学習サポート事業を通して（大橋雄介）二〇一三年版
○これからも地域と共に（井口道子）二〇一二年版
○被災の経験を伝え共有する福島とマーシャル（長島 楓）二〇一四年版
○ヤマ学校が発見するおらほの自然の宝（八幡明彦）二〇一四年版
○一〇代のニーズに合わせた復興支援（塚田耀太）二〇一三年版
○子どもにやさしい地域づくり　子どもの参加でよりよいまちに！（津田知子）二〇一二年版
○「　」《かぎかっこ》がつくる新しい未来（金子知史）二〇一三年版
○高校生が気仙沼の魅力を発信する！（小野寺彬）二〇一四年版
○子どもに笑顔を‼地域に夢を！　南三陸町まちづくりプロジェクト（阿部孝文、村井厚子）二〇一四年版
○子ども参画の復興まちづくり（木下 勇）二〇一二年版

読者の皆さんが、本書に登場いただいた方たちの体験から、子ども観を深め、身近な子どもたちと一緒に新しいまち・新しい社会づくりに一歩踏み出すこと、そのためのヒントを得て一緒に歩み始めることができたとしたら、編者としてこんなに幸せなことはありません。

子どもたちとともに新しい社会へ向かって一歩を踏み出すために、皆さんのお力をお寄せください。最後になりますが、本書の編集にあたって『子ども白書』に掲載された記録・論文の収録を許可していただいた執筆者の皆さんに、心よりお礼申し上げます。また伊藤知代さんをはじめ本の泉社の皆さんには、短期間の作業にもかかわらず、多くのご援助をいただきましたことにも感謝いたします。

二〇一五年二月七日

編著者一同

編著者紹介

増山 均（ましやま　ひとし）

一九四八年、栃木県宇都宮市出身。現在、早稲田大学名誉教授。日本子どもを守る会会長。子どもの権利条約市民・NGOの会共同代表。日本学童保育学会代表理事。子ども・子育て、子どもの権利に関する著書多数。『アニマシオンが子どもを育てる』（旬報社、二〇〇〇年）、『余暇・遊び・文化の権利と子どもの自由世界』（青踏社、二〇〇四年）、『子育て支援のフィロソフィア』（自治体研究社、二〇〇九年）、『うばわないで！子ども時代』（共編著、新日本出版社、二〇一二年）、『鈴木道太研究』（編著、明誠書林、二〇二一年）

森本 扶（もりもと　たすく）

一九七六年、奈良県天理市出身。現在、埼玉大学・都留文科大学非常勤講師。『子ども白書』副編集委員長。子どもの地域での育ちを支えるシステムづくりをテーマに研究。著書に「あそびの原理がひらく子どもの社会教育実践」『生涯学習がつくる公共空間』（柏書房、二〇〇三年）、『居場所づくりと社会つながり』（共編著、萌文社、二〇〇四年）、「子育て・子育ちと地域づくり」『地域学習の創造』（東京大学出版会、二〇一五年）。

齋藤史夫（さいとう　ふみお）

一九五七年、静岡県焼津市出身。現在、東京家政学院大学准教授、東京成徳大学・工学院大学・國學院大學非常勤講師。『子ども白書』編集委員会事務局長。子どもの権利条約市民・NGOの会子どもの生活部会専門委員。静岡少年少女センター副運営委員長。子どもの生活圏文化創造をテーマに研究。著書に『市民力で創る子育てとコミュニティ　韓国市民活動の挑戦』（共著、子どもと文化のNPO　Art.31、二〇一九年）、『うばわないで！子ども時代』（共編著、新日本出版社、二〇一二年）

佐藤信一　宮城県本吉郡南三陸町　写真店店主

根本暁生　NPO法人冒険遊び場　せんだい・みやぎネットワーク、海岸公園冒険広場プレーリーダー

末長蒼生　色彩心理学者・アート&セラピー色彩心理協会会長

天野秀昭　日本冒険遊び場づくり協会理事

馬場　清　特定非営利活動法人日本グッド・トイ委員会事務局長

田中雅子　NPO法人メイクザヘブンめ組JAPAN

加藤　理　文教大学教育学部教授

金谷邦彦　紙芝居師

白木次男　南相馬市立石神第一小学校教諭

前谷ヤイ子　ありがとうを言いに行こうプロジェクト

菅野直子　劇作家・演出家

太田倫子　一般社団法人 キッズ・メディア・ステーション 代表理事

大橋雄介　NPO法人アスイク代表理事

井口道子　岩手県宮古市立藤原小学校教諭

長島　楓　福島平和ゼミナール「種まきうさぎ」

八幡明彦（故人）　自然塾・歌津てんぐのヤマ学校

塚田耀太　Teen for 3・11 代表

津田知子　公益社団法人セーブ・ザ・チルドレン・ジャパン・東日本大震災復興支援事業部プログラムマネージャー

阿部孝文　南三陸町ボランティアサークル「ぶらんこ」

村井厚子　特定非営利活動法人 ワールド・ビジョン・ジャパン

金子知史　日本財団　東日本大震災復興支援チーム

小野寺彬　気仙沼高校生団体「底上げ Youth」

木下　勇　千葉大学園芸学研究科教授

蠢《しゅん》動《どう》する子ども・若者
3・11被災地からのメッセージ

二〇一五年　三月一一日　初版一刷発行
二〇二二年　九月二八日　初版二刷発行
二〇二三年一〇月二九日　初版三刷発行

編著者　増山均・森本扶・齋藤史夫
発行者　浜田和子
発行所　本の泉社
〒一一二―〇〇〇五
東京都文京区水道二ノ一〇ノ九　板倉ビル二階
電話　〇三（五八一〇）一五八一
ＦＡＸ　〇三（五八一〇）一五八二
http://www.honnoizumi.co.jp/

装幀　はらだゆきこ
印刷　大村紙業株式会社
製本　大村紙業株式会社

ISBN978-4-7807-1211-7　C0037